숨겨진 큰 바위 얼굴

숨겨진 큰 바위 얼굴

2018년 4월 20일 초판 1쇄 발행

지은이 | 김영란
펴낸이 | 이은종
펴낸곳 | 비전코람데오
출판등록 | 제324-2014-000045호
홈페이지 | www.visioncoram.com
주소 | 서울특별시 강동구 고덕로62길 76, 1-503
전화 | 02 428-7256 팩스 070 4229-7256

ISBN 979-11-86119-92-1 03230

ⓒVisionCoramdeo, Printed in Seoul, Korea.

당신의 자녀가 큰 바위 얼굴이다

숨겨진 큰 바위 얼굴

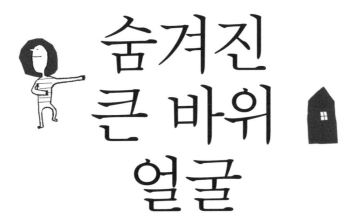

| 김영란 지음 |

크로비전
CO 코람데오

'나는 누구이며 무엇을 위하여 사는가?'

그리스도인이라면 당연히 누구나 할 수밖에 없는 질문인데 이 책은 그에 대한 해답을 실천적으로 보여주고 있다. 그리스도께서 걸어가신 길을 따라 걷기 위해 몸부림치는 삶이 어떠하며, 돈을 따라 살기보다 소명을 따라 사는 삶이 어떠한가도 확연하게 드러내 주고 있다.

저자가 편안한 삶의 기회를 과감히 내려놓고 〈함께 읽는 성경동화〉를 여러 나라말로 제작하여 여러 선교지에 보급하고 있는 모습을 지켜보노라면 '급진적 제자도'의 삶이 어떤 삶인가를 생각하게 된다. 새벽마다 달려와 기도의 무릎을 꿇고 천국의 은혜를 맛본 후에는 다시 치열한 사명의 현장으로 달려가는 것을 바라보노라면 그 배후에 계신 '한 분'이 어떤 분이신가를 깊이 묵상하게 된다.

이 책은 결국 그 '한 분'을 만나게 해준다. 바로 온 세상의 '큰 바위 얼굴'이신 예수 그리스도이시다. 그리고 이 '한 분'을 닮은 '큰 바위 얼굴들'이 다음 세대 가운데 불꽃처럼 일어나는 미래의 청사진을 뜨거운 가슴으로 그려가고 있다. 저자가 마지막 부분에서 고백하듯이 우리가 그토록 찾는 큰 바위 얼굴은 바로 우리 옆 가까이에 있다. 이 책을 온 마음으로 읽고 온몸으로 살아내는 한 분 한 분, 바로 '작은 예수들'이다.

이유환(열린비전교회 담임목사)

　어린 시절 주일학교 선생님께서는 항상 성경 속의 인물과 사건을 구연동화로 실감 나게 잘 들려주셨습니다. 그리고 가장 최고조의 중요한 장면에서 "아이고 어쩌나! 벌써 시간이 다 되었네요. 다음 주는 오늘보다 더 재미있으니 꼭 오세요!" 하시며, 아이들의 기대를 한껏 끌어모았습니다. 저를 포함하여 모든 아이들이 너무나 궁금한 마음으로 다음 주일이 다가오기를 목이 빠져라 하고 기다렸던 기억이 오래도록 남습니다. 아마도 이런 기억은 평생토록 제 마음의 한 자리를 차지하면서 저의 삶에 계속 영향을 줄 것이라고 믿습니다.

　저의 유년 시절을 돌이켜 생각해 보아도 이러할진대 하물며 지금 주일학교를 다니거나 또는 다니지 않는 어린아이들에게도 성경 말씀을 보여주고 들려주는 신앙교육은 정말 중요합니다. 그것은 우리의 상상을 뛰어넘는 매우 큰 영향력을 미칠 뿐 아니라 그 교육의 효과는 재단하기 어려울 만큼 크기 때문입니다. 하지만, 어린이를 위한 성경 전체의 내용을 다룬 자료가 매우 미흡하여 늘 안타까워하던 이때 깜짝 놀랄만한 일이 생겼습니다.

　대형출판사조차도 감히 엄두도 못내는 귀하고 값진 80여권의 성경 동화책이 출판 분야에 전혀 경험도 없던 한 평범한 초등학교 여선생님의 손끝에서 만들어진 것입니다. 그것도 단순히 한국어로 읽는 데서 끝나는 것이 아니라, 영어, 중국어, 일본어, 태국어 등 7개국 외국어로 번역 녹음되어 다문화 가정의 아이들과 해외 어린이까지 배려하는 선교적 사명과 그 세심함에 감탄을 금할 수가 없었습니다.

저자는 이 값진 사역을 위해 평생의 생업이었던 교직 생활도 중도에 내려놓고 매일 눈물의 기도와 헌신의 노력으로 5년여의 긴 시간 동안 '함께 읽는 성경 동화'를 만들었습니다. 저는 이 과정을 가까이 지켜보면서, 한 기독교 출판인으로서 부끄러움과 동시에 새로운 도전의 힘을 얻게 되는 계기를 가지게 되었습니다.

이제 〈함께 읽는 성경동화 신약과 구약 시리즈〉를 통하여 자라나는 어린이들이 믿음의 대를 잇는 차세대의 모퉁이 돌로 성장하기를 바랍니다. 또한, 전 세계의 어린이들에게도 복음을 전하는 축복의 통로로 쓰임을 받는 기적이 반드시 일어나리라고 확신합니다.

본서는 '함께 읽는 성경 동화'가 태어나기까지 전 과정 속의 아픔과 좌절 그리고 기대와 승리의 감격을 생생하게 표현한 진주와도 같은 귀하고 값진 고백의 결정체라고 믿습니다. 오직 순수한 복음전파에 대한 일념으로 인내와 용기를 잃지 않고 끝까지 소명을 이룬 김영란 대표님에게 다시 한번 큰 박수와 격려와 찬사를 보냅니다.

박종태(비전북/몽당연필 출판사 대표)

겨자씨 같은
비전의 씨앗

삶을 살아오면서 단 한 번 꿈에도 생각하지 못한 것이 여러 가지 있지만 그중 하나가 바로 책을 쓴다는 것이었습니다. 책을 쓴다는 것은 특별한 사람만이 하는 일이라고 여겼고 사실 맞는 말이라고 생각합니다. 어떤 영역에 있어서 특별한 전문가나 문학가 혹은 유명한 정치가, 기타 종교, 예술, 문화, 학문, 경제 등의 다양한 영역에서 대중의 인지도가 있는 분들이 나름의 동기와 목표가 있어 글을 쓰는 것이 일반적인 '책 쓰기' 활동이기 때문입니다.

평소 성경동화 제작에 여념이 없던 저에게 남편이 늘 잔소리처럼 하는 말이 있었습니다. "여보! 지금 너무 힘든 건 아는데 그래도 지금 성경동화 만드는 과정을 평소에 조금씩 기록해 놓아봐! 언젠가 책으로 나오면 많은 사람이 읽고 선한 영향력이 있지 않을까?"

이런 말에 전 한마디로 "뭐 하려고요? 이렇게 힘들게 만들었으니 우리 책 많이 보아달라고? 됐어요! 지금 이 일만 감당하기에도 힘이 달려요! 그리고 여기저기 얼굴 나오는 것 정말 싫어요!"라고 핀잔을 주기 일쑤였습니다.

편집 일을 하는 것만 해도 시간과 체력이 감당이 안 되어 허덕이는 상황에 남편의 말은 전혀 이해가 안 가고 꼭 그렇게까지 해야만 하는 이유도 딱히 없었습니다. 평생 근무를 했던 학교에서도 학교행사나 회의가 있지 않은 한 교실에서 한 발자국도 나오지 않고 조용히 자기 일만 했던 저의 성격상 남에게 얼굴을 드러내고 무엇을 한다는 것은 상상할 수 없는 일이기 때문이었습니다. 4~5년을 같은 학교에 근무 해도 같은 학년을 하지 않고는 저의 목소리조차 듣지 못한 선생님들 이 있을 정도로 저는 정말 내향적인 성격의 소유자라 교실에서 도통 잘 나오지를 않는 교사였습니다.

특히 교육현장에서 아이들을 위한다고는 하지만 보여주기 위한 행 사나 교육일정에 회의감이 컸던 저로서는 긍정적인 유익 없이 남에 게 자기를 드러내는 것에 대해 막연한 부정적 인식이 많았습니다. 그 런데 하나님께서는 이런 저의 성향을 아시기에 정말 특별한 방법으 로 책을 쓰게 만드셨습니다. 거절할 수 없는 방법으로 말입니다. 신약 동화가 출간된 몇 달 후 남편의 지인을 통해 모 기독교 방송국 담당 자를 만나게 되었습니다. 우리 부부는 성경 동화책을 소개하며 이 책 이 기독교인에게 잘 인지되고 보급이 되도록 방송프로그램에 접목할 수 있는 합당한 행사나 일이 있는지 문의를 하였습니다. 담당자분은 딱히 쉬운 일은 아니지만 그래도 좋은 일인 것 같으니 한 번 여러 다 른 담당자분들께 상의는 드려보겠다고 하셨습니다. 그 후 한 달 정도의 시간이 지난 후에야 동화책에 대한 일반적인 소개 자료를 보내달라고 요청을 하였습니다. 물론 큰 기대는 하지 않았습니다. 책 소개 자체는 좋은 일이지만 잘못하면 꼭 책 광고가 될 수도 있기에 그분들의 입장을 곤란하게 하고 싶지 않았기 때문입니다. 얼마 후 담당자에게서 연락이 왔는데 우리가 준 자료 내용이 너무 객관적인 것이라 이 책을 제작한 분의 개인적인 동기나 간략한 소개 같은 내용을 추가로 더 보내달라고 하였습니다.

마음은 내키지 않았지만 그래도 보내는 것이 예의인 것 같아 일주일 정도 시간을 내어 썼고 10장 정도의 분량 정도만 보내려 했었습니다. 그런데 막상 몇 년이 지난 일들을 회상하며 글을 쓴다는 것이 예상보다 시간이 꽤 많이 걸리고 힘들었을 뿐 아니라 10장 정도의 분량으로는 성경동화 제작과정의 소소한 기록을 다 담기가 어려웠습니다. 성의를 가지고 하려다 보니 내친김에 더 시간을 내어 자세히 쓰게 되었고 혹 몇십 장 분량이 되어버렸습니다. 곧 오타점검을 위해 남편에게 글을 출력하여 보여주니 남편은 깜짝 놀라며 이렇게 말하는 것이었습니다.

"여보! 정말 나도 까마득하게 잊어버린 것들을 자세히 썼네! 여기에 조금 더 쓰면 책으로 만들 수 있지 않을까?"

남편의 말이 마치는 순간 전 표현할 수 없는 전율을 느꼈습니다. 저의 성격상 책을 쓸 수도 없고 쓰지도 않을 것이 뻔한 데 마치 글을 쓰는 것조차 못 느낄 정도로 자연스럽게 이 글을 쓰게 하신 하나님의 손길이 감지되었기 때문이었죠.

만약 이 생각이 맞는다면 전 이 글을 쓰는 것 자체를 꼭 방송국 관련 일이 아닌 다른 관점에서, 더 정확히 말하면 이 글을 쓰게 하신 분의 측량할 수 없는 헤아림을 생각하여 글을 써야 한다는 것입니다.

이런 생각을 하니 글을 써야겠다는 나름의 확신이 생겼고, 이제까지 가졌던 창피하다거나 머뭇거리는 마음조차도 하나님 앞에 모두 내려놓아야 한다는 결심이 들었습니다. 이런 모든 것들 또한 저의 마음이 아닌 그분의 인도하심대로 가야 한다는 생각이 드니 이제부터 철저하게 그동안 있었던 그대로를 솔직히 가감 없이 써야 하겠다는 생각이 들었습니다. 책 머리글도 그때 방송국 담당자분께 드렸던 글 그대로 하는 것이 더 좋겠다고 생각되어 다음과 같이 싣게 되었습니다.

안녕하세요!

〈함께 읽는 성경동화〉를 제작한 김영란 집사입니다. 평소 자기 생각을 잘 드러내 표현하는 것에 익숙하지 못하고, 또 사람들이 자기의 일한 결과에 대한 은근히 인정받고 싶음과 공적을 알리려 하는 행동이 내키지 않아 저에게는 이 글을 쓴다는 사실이 무척 곤혹스러웠습니다. 살아온 삶도 표면적으로 너무나 평이하여 학교와 집을 오가며 그저 밥을 짓는 가사와 아이들 숙제검사, 수업하는 장면 밖에 딱히 떠오르지 않는 변화 없는 기계적인 생활을 살아온 제가 무엇을 말할 수 있는지 망설였습니다.

자칫 하나님 영광을 가리거나 남에게 누를 끼치지 않을까 여러 번 주저하기도 했고요. 과연 무엇을 위해 이 글을 쓰는가? 라는 질문에 대해 깊은 질문도 하였습니다. 그런데 제가 싫어하는 성향을 뛰어넘어 이 모든 것조차 저는 단지 소통의 도구이고 이를 통해 하나님의 다음 세대를 향한 그 크신 사랑과 열심을 알릴 수 있다면 이 또한 하나님을 기쁘게 할 수도 있다는 마음을 주셔서 작은 날갯짓으로 이 글을 쓰려 합니다.

처음 책을 만들기 시작할 때는 하나님께서 지금처럼 큰 스펙트럼을 보여주시지 않으셨고 설사 보여주셨어도 제가 과연 이해하고 이 일을 하겠다고 순종했을까? 라는 생각이 듭니다. 모르니까 시작했다고 솔직히 고백하고 싶습니다. 그런데 성경동화를 만들면서 서서히 왜 이 일을 해야 하는지를 조금씩 깨닫게 해주셨습니다.

지금까지 최근 5년 동안 하나님께서 얼마나 말도 안 되는 자격 없는 평범한 사람을 사용하셔서 그 많은 인내를 하시며 폭풍같이 채찍질도 하시고 여기까지 인도하셨는지, 그것은 바로 하나님의 다음 세대를 향한 헤아릴 수 없는 무한한 사랑이었으며 한 치의 오차도 허용하지 않으시는 하나님의 위대하신 다음 세대를 준비하는 계획의 여정임을 또한 말씀드리려 합니다.

이것은 하나님의 우리를 향한 측량할 수 없는 계획, 은밀하고 신실하신 계획, 겉으로는 보잘것없으나 겨자씨 같은 비전의 씨앗을 심는 계획인 것을 성경동화제작 광야의 여정을 통해 세세한 손길과 감동으로 보여주셨습니다. 이제 초라하고 조그만 씨앗이 어떻게 심어졌고 키워졌으며, 하나님은 어떠한 인도하심으로 성경동화의 열매를 맺게 하셨는지 조용히 고백하고자 합니다.

EPISODE

1

큰 바위 얼굴은
어디에 있는가?

1

성경동화는 왜
만들게 되었는가?

많은 분이 나에게 하시는 가장 많은 질문 중 하나가 "어떻게 이 책을 만들게 되었어요?" 또는 "처음인데 어떻게 만드실 생각을 하였나요?"라는 질문이다.

물론 주된 목적은 하나님께서 주시는 다음 세대에 대한 소명감으로 이 책을 만들었다. 교회 주일학교가 점점 숫자가 줄어들고 아이들을 위한 기독교 서적이 점점 없어지는 이 시대에 하나님의 말씀을 아이들의 눈높이에 맞추어서 성경 동화를 만들겠다는 결심이 가장 큰 이유이기도 하다. 그러나 꼭 이것만으로 지난 5년이란 결코 짧지 않는 시간을 버틸 수는 없었다. 이런 이유를 넘어서 더 중요한 것은 이 땅의 다음 세대를 향한 하나님의 사랑이 헤아릴 수 없으며 성경에 쓰인 그대로 그 말씀의 영광이 바다 덮음 같이 다음 세대를 향해 흐르고 있다는 것이다. 이 긴 시간을 통과할 수 있었던 것은 매일 하나님께서 주시는 감동의 은혜가 아니면 정말 불가능했다. 처음 이 일을 시작할 시기에는 거의 1년여를 예배 시간 때마다 시작과 끝날 때까지 하나님은 눈물을 멈출 수 없을 정도로 표현할 수 없는 깊은 감동의 은혜를 주셨다.

예배가 시작하면 난 조용히 안경을 꺼내어 썼고 의자에 앉자마자 고개를 푹 숙인 채 예배를 드려야 했다. 그래야 눈물이 나오는 것을 남들이 잘 알지 못하기 때문이다. 휴지를 꺼내 살며시 손으로 턱 밑을 받치지 않으면 옷이 모조리 젖기 때문에 휴지를 한 움큼 접어서 받쳐야만 했다. 특히 찬송이 울려 퍼질 때면 가슴이 너무나 벅차올랐고 폭풍같이 쏟아지는 눈물을 주체하기 어려웠다. 또 설교 말씀을 들을 때도 하나님의 영광과 전능하심이 느껴질 때면 나의 영혼은 한없이 마음속으로 흐느끼며 울었다. 하나님의 권능을 우리가 어찌 말로 다 표현할 수 있을까?

최근 난 천국과 지옥에 대해 궁금한 마음이 정말 없어지고 말았다. 새벽 예배에서 하나님께 아뢰고 기도를 할 때는 그 주시는 충만감으로, 하나님이 동행하신다는 그 자체로 이미 천국이었다. 이 세상 아무리 좋은 곳과 상황에도 하나님이 동행하시지 않는다면 그곳은 이미 천국이 아닌 반대이기 때문이다.

그러나 이 은혜의 이슬은 예배가 끝나고 교회를 나오자마자 곧장 지옥과 같은 상황으로 바뀐다. 매달 몇 백만 원씩 마이너스가 쌓여가고 갚아야 할 것이 많은 하루하루의 현실 그 자체가 정말 지옥과 같왔다. 하루 5시간을 못 자는 매일의 피로감은 쌓여서 몸은 점점 다운되고 밤늦게 별을 보고 집에 도착하는 생활의 연속은 고행이었지만 몸보다 더 힘든 것은 제작비 마련 때문에 나날이 늘어나가는 금전적 어려움이었고 이것이야말로 지옥 그 자체였다. 먹을 것이 없으면 굶으면 되고 아프면 참고 옷은 안 입으며 돈은 안 쓰면 되지만 남한테 줘야 할 돈을 못 주는 것은 정말 힘든 일이었다.

새벽에 그렇게 충만히 받았던 은혜의 이슬은 햇빛이 들면 언제 그랬다는 듯이 금방 말라버리고 뜨거운 고통의 햇볕이 쨍쨍 내리쬐는 지옥훈련이 매일 매일 반복되는 것이었다.

이렇듯 천국과 지옥이 매일 반복되는 상황에서도 하나님은 지치고 지친 나를 붙잡으시고 그 끈을 놓치시지 않으셨다. 이것이 은혜요 기적이었다. 당장 현실은 아무 문제도 해결이 안 되었으나 성경동화는 계속 편집되고 있었다. 목표가 자주 안 보일 때가 많았다. 그런데 누군가 파도에 기우뚱거리는 배를 뒤에서 붙잡아주며 밀어주고 있었다. 나는 절망하다가도 주님께서 다시금 소망을 주시기에 새벽의 눈을 번쩍 뜨고, 나를 부르시는 하나님께 뛰어갔다. 이렇게 해서 마침내 이책은 만들어 졌다. 이는 나 개인의 열심이 아닌 하나님의 인도하심과 예비하신 협력의 손길이 만들게 하셨기에 이를 간증하며 그 긴 시간의 여정을 잠시 되돌아보고자 한다.

2

드라마틱한 여정인가
지지부진한 여정인가!

우리가 TV로 보거나 글로 읽은 대부분의 간증프로그램이나 책의 내용을 들여다보면 정말 하나님의 인도하심이라고 판단할 수밖에 없는 특별한 내용이 많이 있다. 또 기승전결이 너무나 뚜렷하여 드라마틱하기까지 하다. 그런데 지금 고백하는 '함께 읽는 성경동화'의 모든 진행 과정은 그렇지 못했다.

5년이라는 긴 시간 동안 너무나 지지부진하였고 '이런 상황에서 책이나 나올까?'라는 주변 지인들의 걱정도 수없이 받았다. 제작출발 초기부터 일사불란하지 못한 초보자들의 어수룩한 모습과 몇 년이 지나도 해결되지 않는 제작비 조달의 어려움! 그리고 진행과정에서 크고 작은 많은 갈등이 돌출되며 지켜보는 지인들조차 지치게 했다.

일반적인 출판사에서 제작되었더라면 원고는 1년 안에 마무리가 되었을 것이고 그림 작업도 적어도 1년 반 안에는 완성이 되었을 것이다. 실수가 없는 미끈한 진행으로 편집과 번역도 무리 없이 되었을 것이고 3년이면 완성해서 빛을 보았을 것이다.

하나님께서는 이러한 과정을 누구보다 더 잘 아시는 분이신데 왜 이렇게 걸음마 수준의 초보자들에게 이 일을 맡기신 것일까? 아이들도 1년 돌이 지나면 걸음마가 시작된다. 그런데 성경동화 진행은 3년이 되어가도 걸음마 수준을 벗어나지 못했다. 이건 보통 아이들 성장 과정보다 더 더디고 느렸다. 간신히 편집과정이라는 걸음마를 하니 이제 제작단계인 어른처럼 걸어가라고 하신다. 3세 아이처럼 좌충우돌하며 겨우 걸어가니 구약동화를 제작하여 판매하고, 신약까지 완성을 향하여 뛰어가라고 하시는 것이 아닌가! 그러나 우리는 뛰기는커녕 겨우 하루하루 천천히 걷기도 버거웠다.

자녀를 키운 엄마라면 평소 아이에게 얼마나 많은 시간을 기다려야 하며, 당장 눈에 보이는 가시적인 것이 없으면 속이 타들어 갈 정도로 답답한 경험을 대부분 느껴 보았을 것이다. 대부분의 우리 자녀들은 평범한 자녀들이다. 특별한 재능과 소양이 있는 아이들은 극히 소수일 것이다. 우리는 자녀 양육에서 많은 인내와 한숨! 그리고 얼마나 힘든 순간들을 같이 비비고 지냈던가! 이렇게 지지부진 보내는 일상적인 시간이 쌓인 긴 세월의 강을 건넌 후에야 비록 작을지라도 튼튼한 한 그루의 나무를 만나게 되는 것이다.

돌이켜 보니 성경동화의 모든 과정은 아이가 태어나서 아무 힘없이 우는 것처럼 모든 것을 묻고 관찰하여 겨우 터를 마련하였다. 마치 아이가 더듬으며 걷는 것처럼 발을 떼며 조금씩 성장하였고 한심스러운 실수도 반복되어 주변 분들에게 실망감도 많이 주었다. 그런데도 하나님께서는 헤아릴 수 없는 인내로 여기까지 기다려 주셨으며 그 많은 실수와 잘못된 방향까지도 일일이 만져주시고 고쳐주시며 지금 이곳까지 계속 인도해 주셨다.

하나님은 이 일을 재능이 있는 사람에게 시키지 않으셨다. 부유한 사람에게도 시키지 않으셨다. 빠른 사람이 아닌 너무나 느린 사람에게 시키셨다. 한 번 가르쳐 주면 셋을 아는 사람이 아닌 오히려 두 번을 더 묻는 사람에게 이 일을 시키셨다. 하나님은 이런 모습의 모든 과정을 누구에게 보여주고 싶으신 것이었을까? 많은 묵상이 필요한 부분이었다.

출애굽을 할 때 그렇게 수많은 하나님의 기적을 보고 크게 놀랐던 이스라엘민족이 하나님을 찬양하며 홍해를 건넜지만, 그 감격의 순간은 오래가지 못했다. 그 후에는 너무나 길고 지지부진한 광야 생활의 여정이 시작되었으니 말이다.

우리는 하나님의 일이라면 당연히 감격스러운 사건들이 파노라마처럼 펼쳐지길 기대하고 모든 일을 진행한다. 그러나 그 여정은 우리가 아이를 키우는 것과 똑같은 인내의 시간이 필요하다는 것을 잊기 쉽다. 과연 이 밋밋하고 지지부진한 성경동화 제작과정에서 하나님께서 보여주시려는 메시지의 진의는 무엇인지 가늠해볼 뿐이다.

3

하나님이 들어 쓰시는
인재와 우리가 생각한 인재는?

　나를 포함한 많은 크리스천 부모님들은 자신의 자녀들이 훌륭한 믿음의 자녀로 성장하여 하나님이 귀히 쓰시는 인재로 성장하기를 항상 바라며 소망하고 있다. 세상에 내놓아도 실력과 인품이 받쳐주고 여러모로 부족함이 없으며 하나님에 대한 관점에서도 믿음의 토대가 뿌리 깊은 아이! 그리고 훌륭한 열매를 맺는 아이!

　성경의 인물로는 다니엘, 에스더, 요셉과 같은 분들이 대표적 표본이 된다고 한다. 교회에서 아이들 성경학습에 대한 프로그램 명칭도 이런 분들의 이름이 들어가면 부모님들이 매우 좋아한다는 관계자들의 이야기도 가끔 듣곤 한다.

　다니엘, 에스더, 요셉은 하나님에 대한 믿음이 신실하여 세상의 어떤 고난과 위험, 그리고 유혹에도 하나님에 대한 끈을 놓지 않았던 인물들이다. 또한, 인간적인 성품도 훌륭하여 세상 사람들의 존경을 받았고 가장 하이라이트는 그들은 세상적인 관점에서도 최고의 위치에 올라 많은 영향력을 미친 인물들이었다. 그러니 많은 부모님의 선망의 대상이자 교육적인 면에서도 닮고 싶은 인물들이었던 것이다.

그러나 만약 다니엘의 신분이 총리까지 가지 않은 선지자에 머무른 학자에 그쳤다면! 에스더가 왕후가 아닌 어느 고위관리 부인이 되어서 하나님이 명령하신 착한 일만 하는 역할에 그쳤다면! 요셉이 이집트 총리가 아닌 일반 관리가 되어서 성경적 사명만 다하고 일생을 보낸 사람으로 기록되었다면! 지금처럼 그렇게 많은 부모님이 열광하는 인물의 표본이 되었을까? 라는 의구심이 슬며시 들기도 한다.

우리들의 마음에는 항상 세상적인 관점에서도, 신앙적인 면에서도 어느 한쪽이 부족함이 없이 적당한 균형을 유지하며, 세상에서도 인정을 받고 싶어 하는 부인할 수 없는 것들이 있다. 그런데 때로는 이 균형이 우리 아이들을 하나님의 자녀로 키우는데 결정적인 독소가 될 수 있다. 이미 하나님을 믿는 것 자체가 하나님 말씀에 순종하며 살겠다는 것이며 그렇기에 우리들은 하나님이 명령하시는 것들을 우리의 삶 속에 실천할 수밖에 없는 존재들이다.

즉 하나님의 자녀는 세상이 원하는 가치와의 타협을 하지 않는 자들인 것이다. 단 세상에 나가 하나님의 빛을 발하는 삶을 살기 위한 과정에서 율법주의나 인본주의에 치우치지 않고 선한 목표를 실천함에 있어서 세상 사람까지 잘 보듬는 균형적 자세는 필요하다. 그런데 이런 가치와 자세는 올바른 하나님에 대한 지식과 성경말씀 공부를 하지 않고는 제대로 발휘할 수 없다. 그렇기에 우리는 자녀들을 하나님이 원하시는 교육적 가치관과 방법론을 가지고 양육해야 한다.

또 성경에 나타난 위인들의 특징을 보면 평범한 사람들과 달리 그들의 성장기에 많은 환경적인 변화가 있었다. 다니엘과 에스더는 고국을 떠난 포로의 신분으로 타국에 사는 사람들이니 얼마나 많은 크고 작은 고난과 나름의 어려움이 많았겠는가? 요셉 또한 이집트로 팔려가 감옥까지 간 상황이라면 인간적으로는 갈 데까지 간 절망의 나락까지 간 사람이지 않겠는가? 하나님은 그들이 처한 절망의 상황에서 이들을 들어 쓰셔서 하나님의 영광을 드러내셨다. 우리가 간과해서 안 될 것들이 바로 이런 점들이다.

다른 훌륭한 사람들도 많이 있었을 터인데 하나님은 왜 이들을 들어 쓰셨을까? 이들은 철저히 자기가 처한 상황에서 주류가 아닌 비주류였다. 정치적인 포로, 신분적으로 차별받는 이민족 포로, 목숨이 값도 없이 대접받는 노예 신분 등 그 당시에서는 사회적으로 앞길이 잘 펼쳐지고 출세가 보장되거나 미래가 탄탄대로인 상황이 전혀 아니었다. 그들은 그런 상황에서도 하나님에 대한 믿음을 간직하며 하나님을 진정으로 예배하는 자녀였던 것이다.

또한 하나님을 향한 믿음의 불씨가 꺼지지 않고 타오르는 신실한 자녀였기에 하나님은 이들을 선택하신 것이다. 온실의 화초처럼 뜨뜻미지근한 가치관으로 자란 사람들이 아닌, 순간순간 위기가 와도 하나님을 향한 믿음으로 버티고 죽음의 위기까지도 마다하지 않고 고백하며 세상의 유혹도 뿌리친 믿음의 자녀였다.

그들의 부모들과 친척들은 어떻게 그 열악한 상황에서도 다음 세대들을 이렇게 훈련하고 훌륭히 키울 수 있었을까? 우리가 또 한 번 깊이 묵상해야 할 사항이라고 본다.

현실에서 우리들은 당장 학습결과에 대한 가시적인 것이 보이지 않으면 교육적 미래에 대한 불안감을 떨칠 수가 없고 무엇이라도 효율적인 방법을 간절히 구하고 실천하지 않으면 뒤처진다는 압박감을 놓기가 사실상 어렵다. 이런 가치관 자체에서 성장한 자녀가 잘못된다는 것은 물론 아니다. 그러나 인품과 학식, 능력 이 모든 것이 다 갖추어져도 세상의 가치로 키워진 인재는 하나님께서 예비하시고 작정하신 소명에 쓰임을 받을 수가 없기 때문이다.

이렇게 세상의 관점에서 키운 인재와 하나님의 생각하시는 인재는 다르다고 감히 말하고 싶은 것이다. 세상이 주는 열매가 자녀에게 당장 맺히지 못해도 하나님이 주시는 열매를 볼 수 있는 신앙적 안목을 가질 수 있도록 우리는 기도하고 또 소망하며 하나님께 우리 욕심을 내려놓아야 한다. 나의 자녀도 이렇게 키우지 못하였기 때문에 더욱 후회되고 지금 나의 눈에 펼쳐진 현실이 구체적으로 더 잘 보인다. 따라서 하나님께서 이 순간 과연 나에게 왜 이 글을 쓰게 하였는지를 더 깊이 생각하게 된다.

당장 가시적인 결과가 없어도 우리는 불안감이 아닌 더욱 하나님의 관점에서 자녀들을 키워야 하는데 그 방법에서 하나님께 순종하기가 정말 어려운 것이다. 그러나 확실한 것은 하나님의 인재는 하나님이 원하시는 관점으로 순종할 때 키워진다고 생각한다.

이 책을 만들어서 참 대단한 분이네! 라는 관점으로 보는 것이 아니라 하나님께서 왜 저런 말도 안 되는 그야말로 평범한 사람에게 성경동화를 만들게 했으며, 크고 전문적인 기독 출판사가 아닌 생초보인 개인에게 만들게 할 수밖에 없는지를 이런 관점에서 살펴보면 정말 하나님이 원하시는 인재의 방향을 보는 데 도움이 되리라 생각한다. 또 이런 관점에서 볼 수 있다면 이제부터 우리의 자녀를 어떤 방향으로 키우고 양육해야 하는지를 조금이라도 의미가 전달되지 않을까!

단순히 한 개인이 만들어서 훌륭하다가 아닌, 하나님이 그렇게 하신 관점을 조금이라도 묵상할 수 있다면 이 글을 쓰게 하신 하나님의 또 다른 측량할 수 없는 은혜라고 생각한다.

4

큰 바위 얼굴은
어디에 있는가?

중학교 국어책에 간혹 나오는 너새니얼 호손의 《큰 바위 얼굴》
(Great Stone Face) 작품 내용을 모르는 사람은 없을 것이다.

어느 높은 산중의 계곡에 자리 잡은 마을이 있었고 이 계곡에서
산을 바라보면 사람의 형상과 아주 흡사한 바위들이 있었다. 가까이
가서 보면 바위일 뿐이지만 마을에 사는 사람들에게 큰 바위 얼굴의
모습처럼 마을을 지켜주는 인자한 존재로 여겨진다. 주인공 어니스트
(Ernest)는 어머니로부터 계곡 출신에서 큰 바위 얼굴과 똑같이 생긴
위대한 인물이 나타날 것이라는 전설을 전해 듣고 이 이야기를 정말
믿었으며 어린 시절부터 나이 들어서까지 큰 바위 얼굴의 인물이 나
타나기를 간절히 기다렸다.

이후 어니스트 앞에는 위대한 거부, 여러 전쟁을 승리로 이끈 장군,

위대한 정치가뿐만 아니라 위대한 시인까지 차례로 나타났으나 그들의 생각과 행동을 보고 실망을 금치 못한다. 그런데 평생 이웃들과 같이 평범한 농부로 진실하고 사랑을 실천하며 살아온 어니스트가 계곡에서 설교하게 되자 마을 사람들뿐만 아니라 먼 곳에서도 어니스트의 설교를 듣기 위해 찾아왔다. 어니스트가 잠시 생각에 잠기며 무엇을 말하려는 그 순간 그의 얼굴에는 기품과 자애가 깃든 표정이 나타났다. 그때 어떤 시인이 팔을 번쩍 들고 크게 외쳤다. "보세요, 저기를 보세요! 어니스트가 바로 큰 바위 얼굴을 닮은 사람입니다!" 마을 사람들이 오랫동안 간절히 기다렸던 큰 바위 얼굴이 바로 어니스트의 얼굴이었던 것이다.

마을 사람들이 특별한 사람을 계속 기다리고 찾았지만, 막상 큰 바위 얼굴은 다른 곳에서 온 사람이 아니었다. 특별한 인재를 찾는 이들의 모습이 곧 이 시대를 사는 우리들의 현주소가 아닐까 모르겠다. 우리는 항상 성공의 가치를 추구하며 여기에 부합하는 인재를 찾다 보니 능력이 평범한 우리 주변의 아들, 딸들에게는 별다른 특별한 관심을 가지지 않는다. 이렇게 우리들이 지향하는 방향은 성경에서 보이는 하나님의 방향과 너무나 다르다. 그러나 더 깊이 생각해 보면 한 사람마다 깊이 새겨진 그 사람만의 재능과 하나님이 심어주신 유전자의 씨앗을 우리는 정말 잘 알고 있는 것일까? 우리를 창조하신 하나님보다 더 잘 파악하고 있는 것일까?

우리는 보이는 대상의 표면 파악에 그칠 때가 많지만 전능하신 하나님께서는 몸소 우리를 태초부터 창조하셨기에 그분이 자녀들에게 심어 놓은 모든 것, 즉 씨앗의 과거, 현재, 미래까지 알고 계신다. 따라서 사람들의 특성이나 재능, 가야 할 미래여정도 우리들이 함부로 판단하고 결론 내리는 것은 매우 위험하다.

오직 하나님만이 아시기에 단지 우리는 하나님이 우리에게 잠시 맡긴 다음 세대를 최선을 다해 사랑하고 교육하며 그들을 하나님이 주신 소명으로 섬길 뿐인 것이다. 어느 한쪽에 치우치고 편향적인 방법이 아닌 하나님 말씀중심의 기본교육에 더욱 충실해야 한다.

우리가 스쳐 가는 그 평범한 자녀들에게서 미래의 큰 바위 얼굴! 하나님의 사람! 하나님의 인재가 나오기에 우리는 그들을 세상적인 가치와 기준으로 판단하지 않고 전심을 다 해 하나님의 말씀을 전해야 한다. 우리가 그토록 기다리는 큰 바위 얼굴은 과연 어디에 있는 것일까?

5

신앙교육에 유달리
투자하지 않는 현실

성경에 나와 있는 믿음의 조상 아브라함은 부인 사라의 무덤을 샀을 때도 상대방 주인의 호의를 물리치고 무덤값을 지불하여 샀고 믿음의 왕 다윗도 타작마당을 살 때 값을 지불해 산 것으로 알고 있다. 이렇듯 성경에 나와 있는 많은 하나님의 사람들은 특별한 경우를 제외하고는 나름의 값을 지불했다는 것을 보게 된다. 오직 값없이 우리를 위해 구원하신 예수님의 경우만 그분의 핏 값으로 우리에게 하나님께 나아갈 수 있는 길을 열어주셨다.

여태껏 성경동화를 만들고 판매하면서 얼마나 많은 일을 소소히 겪어 왔겠는가? 주변 지인들이 왜 교회에 책을 판매하지 않느냐고 가끔 물어보실 때 있는 그대로 현실을 말씀드리기가 곤란한 경우가 많았다. 다 그런 것은 아니지만 설교말씀에서 다음 세대 교육을 중요시한다는 교회들과 막상 부딪혀 보면 교육비를 지원하여 교회에서 직접 성경동화를 사는 일은 너무나 절차가 복잡하고 어려운 것을 많이 보아왔다. 직접 구매보다는 기부를 많이 원했고 너무나 기부에 익숙해진 나머지 더 요구하는 경우도 보아왔다.

두 아이를 키우면서 과외나 학원비에 많은 비용을 지출하여 양육한 나로서도 정말 할 말이 없지만, 자녀들의 신앙교육에는 유달리 경제 지출을 소극적으로 하는 현실이 아주 안타까웠다. 어떤 영역이든지 경제적 지원 없이, 구체적인 노력 없이 그 열매가 풍성히 맺기를 기다리는 것은 공짜로 감이 떨어지는 것과 다를 바가 없다고 본다.

초등학교에 근무하고 있었을 때 일부 연수를 인터넷 강의로 신청하여 듣게 된 경우가 종종 많았는데 이때 내가 경험한 속상한 일들이 있었다.

예를 들어 다문화 방면의 연수를 신청하여 듣게 되었을 때 아랍의 문화를 다루는 강의 장면은 무척 비주얼이 화려하고 누가 보아도 공을 들여 만든 강의라는 것이 보이는데 기독교 문화 강의로 들어오면 정말 대조적으로 화면이 초라하고 대충 만들었다는 것을 보게 된다. 그 강의를 들은 사람들은 아마 자기도 모르게 이슬람교에 대해 많은 호감을 느낄 것이다. 이런 연수 강의조차 이슬람에서는 너무나 손닿기 어려운 곳까지 알게 모르게 경제적 투자를 아낌없이 하는데 우리나라의 기독교가 그 규모나 교회 상황에 비해 전혀 투자를 하지 않는 현실에 마음이 스산했다.

그 많은 기독교의 십일조 경제는 다 어디로 흘러가는 것일까? 혹 지금 건물을 짓거나 바로 눈앞에 앉아 있어 확실히 보이는 어른 성도들의 유지에만 급급한 것은 아닌지! 하나님께서 명령하시는 다음 세대로 꼭 가야 할 미래경제 지출을 소홀히 하는 것은 아닌지! 걱정을 많이 하게 된다.

모든 영역의 돈은 하나님께서 주신 것이다. 표면적으로는 우리들의 돈이지만 그것이 우리의 것은 진정 아니다. 과연 경제를 어디에 써야 그것이 하나님의 뜻인지를 분별해야 한다. 다음 세대를 위한 구체적인 노력들이 없다면 한국교회의 미래도 없기 때문이다.

6

특별한 교육은
정말로 특별한가?

세상에서 비교적 자녀교육에 성공했다며 자녀교육법을 소개한 많은 책이 있다. 읽어 보면 정말 남다른 방법도 있고 부모님들이 열정적으로 실천하여 자녀들을 좋은 대학에 입학시키고 남보다 앞서가는 길을 가게 하여 다른 부모님들의 부러움도 같이 사고 있다.

이런 지침서들은 자녀교육에 나름 도움도 될 것이고 또 비슷한 모방을 하여 그대로 실천하려는 부모님들도 많이 있음을 볼 수 있다. 그런데 기독교인의 관점에서 자세히 살펴보면 정말 그 교육법이 특별한가? 라는 질문을 하게 된다.

일정 부분은 특별한 방법론일 수도 있다. 정말 그렇게 특별하다면 그다음 세대에 이어서까지도 실천할 수 있는 지속성이나 보편성을 가지고 있는가? 되묻게 된다.

오랜 세월 교육현장에 근무하면서 폭풍처럼 질타했던 많은 교육사조들을 겪어 보았다. 몇 년 간격으로 정부나 교육부 수장이 바뀔 때마다 주요 교육지침이 수없이 바뀌었고 그럴 때마다 학교는 이를 따르기 위해 크고 작은 실천 항목들을 만들어 윗선에 보고했고 이를 감독, 관리하는 활동들이 덩달아 기승을 부렸다. 어떤 교육기조를 강조할 때는 꼭 주장하고 뒷받침하여야 할 중요정책들이 있기 때문에 실제 교육현장에서는 눈으로 보이는 많은 관련된 수업 활동들이 교실에서 세부적으로 반영되게 되어 있다.

어떤 교육사조 자체가 딱히 나쁘다는 것이 아니다. 모든 교육사조는 각각 장단점을 가지고 있기 마련인데 지나치게 어느 특정 부분에 치우쳐 편중될 때 정말 놓쳐서는 안 될 '기본 교육활동이나 가치'를 잃을 수 있다는 것이다.

90년대에 교실 벽을 허물고 개방적 순환 수업을 강조한 열린 교육이 전국 초등교육현장을 강타할 때 많은 선생님들은 그 후유증을 진심으로 고민하고 우려했었다. 그런데 이 시기에 교육받은 초등학교 세대들이 중학교에 갔을 때부터 사실상 '교실 붕괴'라는 교실의 질서가 무너지는 현상이 많이 나타났다. 이것은 교육현장에서 있었던 분들이라면 그 누구도 부정할 수 없는 면들이 있다. 아이들은 교실에 앉아 있는 것 자체를 힘들어했다. 그러니 차분히 생각하고 깊은 통찰력을 키운다는 것은 어려운 일이었다.

또 다른 시기의 어떤 교육지침은 다른 대부분 영역에서 설사 뒤처질지라도 한 가지만 아주 잘하면 된다는 식의 재능을 키우는데 주력

한 시절도 있었다. 또 창의성 중심으로 키운다며 읽기, 쓰기, 듣기 등의 기본활동을 위축시킨 시기도 있었는데 문제는 이 아이들이 중학교에 갈 시기에 부진아 학습을 따로 받을 정도로 기본 이해력이 따라오지 않는 아이들이 예측불허처럼 많이 나오기도 했다는 것이다. 물론 다 그렇다는 것은 아니다. 이 교육활동의 장점도 분명히 있을 테니까! 다만 우리나라의 특징은 한 가지 트렌드가 새로 나오면 여과 없이 몰입하여 다른 기본적인 것들을 잘 쳐다보지 않는다는 것이다.

미래의 학교 진학과 진로만을 위해서가 아니라 평소에 생각을 깊이 있게 할 수 있는 철학적 사고력을 기르는 교육, 이를 돕기 위해 어릴 때부터 책을 읽는 꾸준한 습관을 돕는 교육, 자신의 생각을 글로도 표현할 수 있도록 돕는 교육! 남을 배려하고 주변 사회에 대해 감사함을 가질 수 있는 이런 기본적인 교육을 소홀히 해서는 안 되는 것이다.

그러나 현실은 위에서 언급한 것처럼 기독교 신앙교육도 일반적 교육의 흐름처럼 예외는 아닌 것 같다. 우리는 자주 유대인의 교육방법론을 가장 최선의 표준의 대상으로 삼는 경우가 많다. 하브루타, 탈무드 등 키워드에 관계된 연구와 여기에 연관된 강의 제목, 비슷한 제목의 책들이 수없이 쏟아져 나왔다.

유대인의 교육방법은 누가 보아도 뛰어난 지혜와 방법적인 노하우가 축적된 것이라고 인정하지 않을 수는 없다. 그러나 훌륭하다고 따라만 가는 모방교육이 최선은 아니다. 우리들은 그들의 여러 가지 장점 중에서 기초 토대라고 생각되는 성경말씀에 대한 교육 전통을 더

유심히 통찰할 필요가 있다. 특히 자녀들에게 매일 성경말씀을 들려주며 일상생활에서 이러한 태도를 꾸준히 실천하는 지속성에 대해 세밀하게 관찰할 필요가 있다.

그들이라고 효율적인 교육사조를 실천하지 않았겠으며 얼마나 체계적인 시스템으로 교육망을 잘 구축했겠는가? 그런데도 변하지 않고 지속성 있게 내려오고 지키며 실천하는 중심부에는 그들의 말씀교육이 있다. 이것이야말로 그들을 지금까지 버티고 존재하게 한 신앙교육의 힘이었고, 이를 바탕으로 남들이 부러워할 만한 내적 외적 경쟁력 있는 인재를 키우는 기초 토대를 이루었다. 그들은 가장 중요한 것이 무엇인지를 몇 천 년 동안 그들의 처절한 역사를 통해 깨달은 것이다. 그들이 하나님의 말씀을 떠날 때 기다리고 있는 것은 무엇이며 하나님의 말씀을 배우고 잘 가르치며 순종할 때 펼쳐지는 것은 무엇인지를!

이렇듯 어려운 문제에서는 항상 그 해답을 예수님이 실천하셨던 그분의 말씀사역에서 찾게 된다. 예수님께서 하나님의 말씀을 어떻게 전하셨는지 성경을 살펴보면 우리가 놓친 것들이 무엇인지를 깨달을 수 있다. 예수님은 한 결 같이 제자들에게 오직 하나님의 말씀만 전하셨다는 것이다. 물론 말씀의 내용은 그 당시로써는 혁신적이고 개혁적인 말씀이었다.

천국을 비유로 하신 말씀, 위로의 말씀, 구원에 대한 말씀, 심판의 말씀 등 주제도 다양했다. 당시 사람들이 생각했던 세상의 것을 추구하는 말씀이 아니었던 것이다. 성경에서 우리들은 가장 말씀의 기본

교육에 충실하셨던 예수님의 모습을 볼 수 있다. 전능한 능력이 있는 예수님께서는 우리의 기준으로 보아서 왜 특별한 교육방법이 아닌 너무나 평범하고 지속적인 교육방법으로 제자들을 훈육하셨을까? 이 부분에서 우리는 냉정하게 더 한 번 깊이 묵상해야 할 것 같다. 특별한 교육은 정말로 특별한가?

7

크루즈 호를 버리고
돛단배로 갈아타야 하는 이유

얼마 전 친한 지인인 K집사님이 자신이 다니는 교회 문제로 조언을 구한 적이 있었다. 이 교회는 최근 담임목사님의 아들 세습 문제로 일반 사회의 비판뿐만이 아니라 다른 교회의 많은 기독교 성도들에게서도 따가운 원성을 들어야 했다.

K집사님은 이 세습 문제만 아니면 모든 목사님들의 설교말씀도 좋고 주변의 동역자분들도 나무랄 데 없이 신실하고 헌신적인 사람들이 모인 이 정든 교회를 떠나기 싫다는 것이다. 다만 담임목사님께서 여태껏 누누이 세습하지 않겠다고 약속했는데 결국 지켜지지 않았으니 왠지 당황스럽고 자신도 이대로 있는 것이 맞는지 잘 판단이 안 선다고 고백하였다.

그때 문득 크루즈 호와 돛단배에 탄 사람들의 영감이 스쳐 갔고 나도 모르게 이런 말을 했던 적이 있었다.

"집사님! 집사님이 탄 크루즈 호는 정말 잘 만들어진 배에요. 그 배에 탄 여러 목사님들도 훌륭하시고요. 그분들의 설교말씀도 좋아서 집사님이 은혜도 많이 받았을 것이고 주변 동역자분들도 얼마나 신실하고 좋아요! 배의 시설뿐만이 아니라 배가 운영되는 시스템도 정말 효율적이고 다른 나라에 선교와 경제지원을 많이 하는 곳이라 여러 교회의 모범도 되지요?

그런데 말이에요. 만약 그 좋은 크루즈호가 가야 할 항로를 이탈하고 반대 방향으로 간다면 어떻게 할래요? 배는 반드시 하나님이 계시는 방향으로 가야 하는 데 반대로 가면 어떻게 해요?"라고 말했지만 K집사님의 결단은 아직 알 수 없다.

아무리 타고 있는 크루즈 호 시설과 사람들이 좋아도 가는 방향이 틀리다면 내려와야 하는 것은 너무나 잘 알고 있지만, 현실은 뛰어내리지 못하는 것 같다. 그러나 우리 기독교 성도는 본인이 탄 배가 잘못 가고 있다면 바로 옆 너무나 볼품없는 작은 돛단배가 있을지라도 그 배가 하나님께로 가는 배라면 당장 뛰어내려 타야 한다. 우리가 살아가는 동안 판단하고 결단하기가 쉽지 않은 여러 문제가 생길 때가 많다.

특히 믿음의 선배이거나 자신보다 연장자이건 혹은 영향력이 크게 미치는 목회자에 관해서는 판단을 내리기가 더더욱 쉽지 않다. 이럴 때 우리는 사람을 보는 것이 아니라 오직 하나님을 바라보고 가야 하지만 과연 크루즈 호에서 돛단배로 뛰어내릴 수 있는 결단과 용기가 있을까? 신앙의 독립이란 무엇일까? 아무리 훌륭한 목회자나 믿음의 선배라도 그분들이 주장하는 것이 방향이 잘못되었다고 판단이 되면 세뇌당하듯 따라가는 것이 아니라 하나님이 주신 말씀과 이성의 지혜로 올바른 판단을 하는 것이 아닐까?

존경하고 섬기되 하나님 앞에 서는 것은 오직 하나님이 주신 말씀으로만 의지하여 서 있어야 한다. 잘 한 것은 잘 한 것이고 올바르지 못한 것은 올바르지 못한 것이다. 누구의 주장이라도 하나님의 말씀을 뒤집을 수는 없으며 혹 내가 그분들을 하나님보다 더 의지하고 사랑하는 것이 아닌지 깊이 돌이켜 생각하여야 할 것 같다.

누가 크루즈 호에서 뛰어내릴 수 있을까? 하나님이 들어 쓰신 인재는 이럴 때 어떻게 판단하고 행동을 할까?

8

말씀의 빚은
말씀으로 갚아야 한다

    기독교 선교 100년의 역사를 가진 한국! 그 후 백 년 동안 하나님의 측량할 수 없는 은혜로 이 땅에 얼마나 많은 교회들이 생겨났으며 전도된 하나님의 자녀들이 또 얼마인가!

    그토록 희망이 보이지 않던 이 어두운 땅에 고국에서의 보장된 미래를 던지고 값없이 자신의 모든 것을 헌신하여 하나님의 말씀을 전한 많은 선교사분의 희생이 있었기에 오늘날의 우리가 여기에 존재할 수 있는 것이 아닌가!

    우리는 이렇게 받은 귀한 말씀을 우리의 자녀들에게 제대로 전하고 있는가? 막연히 주일학교만 다니면 저절로 믿음은 성장하겠지! 라는 안이한 생각을 하고 있지는 않은가! 해외로 가시는 사역자만 선교사가 아니다. 우리들 자신도 하나님이 가정으로 보내신 또 다른 선교사인 것이다. 유대와 온 사마리아, 그리고 땅 끝까지 복음을 전하라는 말씀에서 우리는 이 땅 끝이 꼭 먼 곳이 아니라, 가깝지만 먼 곳일 수도 있는 우리 가정이 여기에 포함이 된다는 것을 누구나 알고 있다. 하나님 앞에서!(코람데오) 우리 다음 세대에 대한 이 절박한 메시지를 놓쳐서는 안 될 것이다. 우리의 미래는 우리의 다음 세대이기 때문이다.

그동안 하나님이 주신 말씀의 은혜를 너무나 많이 축복받은 한국! 우리들은 누구나 다 말씀의 빚진 자 들이다. 이제 그 말씀의 빚, 그 은혜를 땅끝까지, 우리 자녀들에게 구체적으로 보내야 할 소명이 있고 이것은 오늘날 우리에게 주시는 하나님의 명령이라고 생각한다.

9

교육현장에서 지켜본
아이들의 자화상

1986년부터 교직 생활이 시작되었으니 거의 30년 동안 학교현장에서 자라나는 우리 아이들의 현주소를 지켜보는 직업을 가진 나로서는 요즈음처럼 아이들에게 낯설고 다소 무섭기까지 한 느낌을 부인할 수가 없다. 10년 세대 간격으로 아이들의 인성을 피부에 부대끼며 살아온 나로서는 최근 학교를 명예퇴직하고 나올 때까지 표현할 수 없는 회의와 슬픔이 밀려올 때가 많았다.

물론 모든 아이들이 잘못된 방향으로 간다는 뜻이 아니다. 공부로만 치닫고 있는 교육 우상의 정글에서 이미 초등학교도 자유로울 수는 없다. 각자 한 명 한 명을 보면 다 착한 아이들인데 교실이라는 집단에 섞여지면 어떻게 그 착한 아이들이 자기중심적이고 폭력적인 성향이 많이 나타나는지 많은 고찰과 분석이 필요한 시기이다.

원인은 다양하고 복잡하게 많다. 그런데 확실한 것은 크리스천도 넌 크리스천(non christian)도 교육방식에서는 그렇게 큰 차이가 안 보인다는 것이다. 이렇게 말하는 나 또한 이 영역에서 살아왔기에 더욱 후회가 들고 세월이 지남에 따라 다시 돌아갈 수만 있다면 좀 더 성경적인 기준으로 자녀 양육을 하고 싶은 마음이 간절한 것이다.

많은 사람들이 자식의 미래에 관한 영역만큼은 하나님의 말씀이 우선이지 않은 것이다. 부모가 자녀교육에 최선을 다해도 말씀에 기초한 믿음의 토대가 이루어지지 않는다면 결국 시간이 지나면 옆 사람과 같아질 수밖에 없다. 어떤 것이 진정한 나침반인가?

이것을 간과하고 나침반을 찾는 일에만 몰두한다면 마치 하나님이 어떤 분이신지는 모르고 하나님이 주신 율법만을 해답으로 보고 내면의 외침에는 귀 기울이지 않는 사람이 될 것이며 이를 보고 자라난 자녀들도 그 범주를 벗어나기 어려울 것이다. 요즘 우리 아이들에겐 자기 손해를 본다는 것은 있을 수 없는 일이다. 창의성이 넘치고 똑똑하며 뭐든지 잘 하는 아이들! 그런데 교실에서 친구와의 갈등을 겪으면 상대방을 용서한다는 것을 너무 싫어하고 그래야 하는 이유도 잘 모른다.

세상의 가르침은 자기 권리를 절대 포기하지 않고 자신을 다른 사람보다 최대한 높여야 한다며 논리적인 설득으로 주장하기 때문이다. 순진한 것은 변하는 속성이다. 그러나 순수하다는 것은 변치 않는 하나님의 속성이다. 아이들은 하나님의 성품이 심어진 씨앗이다. 하나님의 말씀이 아이들에게 흘러가지 못한다면 우리의 다음 세대 영적 미래는 너무나 예측하기 어려울 정도로 어둡다. 하나님 앞에 오뚝 서는 한 아이! 그 한 아이가 정말 중요하다. 그 귀한 한 영혼을 기르고 양육하기 위해서는 알맞은 시기에 부르심을 받은 말씀교육을 할 수 있는 적절한 티칭 교사들이 아이들에게 하나님 말씀을 전하는 소명을 다해야 한다. 이것은 부모님의 몫이기도 하고 교회의 소명이기도 하다. 그리고 그 소명의 구체적인 방법 중 한 영역이 바로 책을 통해 하나님 말씀을 전달하는 것이다.

추위와 외로움!
하나님은
우리를 지켜보셨다

1

구제로도 부르셨던
하나님의 손길

　나의 고향은 '어디 가서 돈 자랑하지 말라'던 여수이다.

　전직이 경찰이셨던 아버지는 독특한 이력을 가지신 분이었는데 일제 강점기 태평양전쟁 때 가난한 집안 형편을 구하고자, 남들은 피했던 입대를 스스로 자원하여 일본군 해군 잠수함에서 근무하셨다고 한다. 전쟁 상황이 일본에 불리하게 되면서 미군의 폭격이 심해지자 밤에만 움직이고 낮에는 무인도에 숨어있는 생활이 길어졌다. 취사병이었던 아버지는 몹시 책임감이 강하고 성실하여 식량난이 최악으로 열악해질 때에도 자신의 일본군 상사를 진심으로 잘 섬겼다고 한다. 전쟁 후 상사는 한국의 사정이 열악하니 같이 일본으로 가자고 권유했지만, 아버지는 단호히 거절하고 경찰에 취직하여 여수에서 근무하셨다고 한다. 아버지는 전쟁의 패전 와중에서도 끝까지 아버지 집으로 꼬박꼬박 월급을 보내준 일본사람들의 신실성에 대한 존경이 늘 있었다. 광복 후에 많은 한국 정치인들의 모습과는 대조적이라 아버지의 마음속엔 늘 거짓말을 잘 하고 약속을 잘 지키지 않는 사람들에 대한 일종의 실망감이 컸던 것 같았다.

경찰이 된 후로 복잡한 정치적 상황과 좌우익의 갈등을 현장에서 겪었고 민초들의 억울한 죽음을 눈으로 지켜보았던 아버지는 자신의 의지와 상관없이 사람들에게 원하지 않는 행동을 해야만 하는 생활에 많은 회의를 느끼셔서 미련 없이 경찰직을 나오셨다. 그 후의 생활은 대책 없이 경찰직을 관두신 아버지의 좌절과 술만 드시고 방황하는 무능만을 지켜보는 것의 연속이었다.

우리 집안의 경제는 대부분 엄마가 경제활동을 하셔서 그나마 가게를 운영해 겨우 지탱이 되었는데 그야말로 가난의 연속이었다. 이 시기에 난 '교회'라는 이름을 보육원을 통해 처음 듣게 되었다. 우리 동네에는 미국의 지원을 받는 한 보육원이 있었는데 가끔 그곳을 지나갈 때 고소한 옥수수죽 냄새가 나서 가까이 가보면 아이들이 줄을 서서 샛노랗게 맛있는 옥수수죽을 받고 있었다. 어찌나 부러운지! 친구들과 나는 보육원 정문 앞을 한동안 떠날 수 없었다. 그러나 부모가 있는 동네 아이들은 냄새만 맡을 뿐 부모가 없는 고아인 친구들만이 이 죽을 냠냠 맛있게 먹을 수 있었다.

보육원에 도착한 옥수수, 빵, 과자 등 다양한 부식과 구호물품 등은 모두 미국의 교회에서 온 거라고 한다. 학교에서도 한 반당 보육원 아이들이 2~3명 정도 있었는데 입는 옷들이 미국에서 온 것들이라 우리들 옷보다 훨씬 좋아 친구들의 부러움을 많이 샀다.

"야! 부모 없는 게 더 낫겠어!"라는 자조적인 말을 하는 친구들도 있었다.

또 한 달마다 정기적으로 미국에 입양되어 가는 아이들도 많아 동네 친구들의 부러움을 한 몸에 받았다. 내가 '교회'라는 말을 들은 것은 이때가 처음이었고 어린 생각에 '미국 교회는 얼마나 부자이면 저렇게 많은 옷과 음식들이 올까?' 싶었다.

초등 3학년 때까지 학교에서는 미국에서 온 옥수수와 밀가루로 만든 빵으로 무료급식을 해 주었는데 정말 맛있었고 매일 매일 점심시간을 손꼽아 기다렸다.

겨울이 다가오고 크리스마스 때가 되자 친구들은 교회에 가면 구하기 힘든 값비싼 공책과 연필을 주니 같이 가자고 하였다. 그때 어린 소견에 왠지 물건으로 사람을 부르는 것 같은 묘한 생각이 들어 거절했는데 나중엔 정말 많은 후회를 하였다.

그때도 하나님은 구제의 방식으로도 우리를 부르는 것이었는데 알량한 자존심 때문에 가지 않았으니! 가족 중에 단 한 명이라도 교회에 갔더라면! 어릴 때 하나님을 만났더라면 더 좋았을 텐데! 아쉬움이 많은 시기였다.

2

추위와 외로움!
하나님은 우리를 지켜보셨다

초등학교 4학년 때였다. 딸만 다섯 자매가 있는 우리 집에서 장녀였던 큰 언니가 결혼 후 서울로 이사를 하게 되자 집안의 여러 사정도 같이 맞물려 우리 가족은 정든 고향을 떠나 서울로 이사를 하게 되었다.

아빠는 고모 친척의 소개로 서울 전농동 시장에 있는 가게를 사게 되었는데 나중에 알고 보니 정말 장사가 안되는 곳을 부모님께 안내한 것이다. 우리 부모님이 방문할 때 가짜 손님을 많이 등장해 장사가 정말 잘 되는 것처럼 보이게 하여 싼 가게를 비싼 가격에 인수하게 한 사기성이 있는 거래였다.

부모님이 가게를 열자 손님들은 거의 없었고 그 무엇을 팔아도 장사가 되지 않았다. 가게를 팔려고 내놓아도 팔리지를 않아 집안의 경제는 그야말로 끝없이 나락으로 떨어졌다.

언니들은 고모 댁과 큰언니 집으로 뿔뿔이 흩어져 맡겨지고 막내인 나만 부모님과 같이 난방도 안 되는 가게의 차디찬 마루에서 긴 겨울을 지내야 했다. 부모님은 낮에는 다른 데로 가셔서 장사하시고 밤에야 돌아오셨는데 생활이 팍팍하니 딸의 학교생활을 돌볼 수가 없었다. 난 항상 준비물을 가져가지 못해 선생님의 질타를 받았고 시골에서 온 말 없는 촌스러운 아이에 대한 친구들의 구박, 그리고 매일 점심을 걸러야 하는 생활이 어린 나에게 지옥같이 느껴졌다. 새벽에 나가셔야 하는 부모님은 도시락을 싸 줄 수 없었는데 알고 보니 도시락을 싸줄 경제적 여건이 안 되었던 것이다. 점심시간에 빵과 서울우유를 먹는 친구들의 모습이 부러웠고 도시락을 싸줄 수 있는 엄마를 가진 그 아이들이 너무나 부러워 많이 울었는데, 이때부터 사람들에게 말하지 않고 웬만해선 자신의 마음을 표현하지 않아 꾹꾹 참는 내성적인 아이로 변해 버린 나의 추운 겨울이 시작되었다.

하교 후 집으로 돌아올 때는 늘 속이 빈 상태인지라 힘이 없어 머리가 어지럽고 발걸음이 늦어지곤 했는데 느린 걸음으로 가게를 지나갈 때마다 매대에 놓인 빵과 우유병을 간절하게 쳐다보았다. 흩어진 가족에 대한 그리움과 배고픔, 학교생활의 소외감과 외로움, 부모를 보면 한마디도 할 수 없는 안타까움! 정말 긴 겨울이었다.

이 추운 몇 년이 지나고 억척스러우셨던 엄마의 노력으로 중곡동 시장에서 조그마한 가게 한 곳을 겨우 월세로 얻어 채소가게를 시작할 수가 있었다. 중랑천 근처 밭에서 우연히 사 온 채소를 머리에 이

시고 돌아올 때 지나가는 행인한테 채소를 팔게 되었는데 엄마는 그때 채소장사를 하셔야겠다고 생각하셨다 한다.

중곡동으로 이사를 온 후 헤어졌던 언니들과 단칸방에 온 가족이 다시 합쳐서 살게 되었다. 이때부터 나의 마음에 무엇이든 열심히 하고 커서 직장을 가져야겠다는 생각이 들기 시작했다. 좁은 단칸방에는 책상을 아예 놓을 수가 없어서 책을 읽고 공부할 여건이 전혀 되지 않았다. 집에 가면 방이 한 개라 겨우 잠만 잘 수 있어 도저히 책을 펼치고 공부를 할 수 있는 상황이 아니었다.

나의 모든 숙제나 독서는 학교에서 마쳐야 했고 점심 식사 후 여유 시간 때나 하루의 일과가 끝난 후에는 곧장 도서실로 가서 문 닫을 때까지 할 일을 다 해야 했다. 책을 읽고 싶을 땐 학교 도서실에서 마냥 살았는데 돈 없이도 유일하게 공부할 수 있는 곳이라 도서실에서 책을 읽고 공부를 하는 것은 나의 유일한 낙이었다.

초등학교 때는 내가 너무나 어려서 학교생활을 스스로 챙기기가 어려웠고 예습 복습은 꿈에도 생각할 수도 없었는데 중학생이 되니 이제 엄마와 언니들에게 의지하지 않아도 혼자서 스스로 준비물을 챙기고 공부할 수 있다는 것이 너무나 행복했다. 가장 신기한 것은 이 시절에 둘째 언니가 우연히 성당을 다니게 되었다는 것이다.

둘째가 다니니 셋째, 넷째도 다니게 되어 우리 집은 밤마다 성당이야기와 예수님 이야기가 주제가 되었다. 지금 생각해 보니 이것은 하나님의 크시고 크신 은혜였다. 단칸방에서 6명이 같이 자는 좁은 이곳에서 예수님 이야기를 하는 것은 얼마나 기적인가? 언니들이 체험

한 성령님에 대한 이야기, 그리고 자신들은 크면 수녀원에 가고 싶다
는 이야기들은 나의 마음속에 예수님에 대한 사모하는 마음을 더 커
지게 했다.

3

밥을 먹지 않아도
배가 부른 행복함

중학교 2학년 때 언니를 따라 가톨릭 성당을 다닌 후 곧 세례를 받고 믿음의 첫 여정을 시작하였는데 하나님께서는 믿음의 첫 선물로 예수님을 향한 뜨거운 사모하는 마음을 주셨다. 정말 하루 종일 있어도 행복감에 배가 고프지 않았다.

가톨릭 성인전을 즐겨 읽으며 예수님의 만남을 경험한 책 속의 그분들이 너무 부러웠다. 매일 예수님과 마음의 대화를 하고 동행할 수 있다면 세상에 필요한 것은 아무것도 없을 것 같았다. 특히 계성여고에 다녔던 넷째 언니의 학교생활은 정말 동경의 대상이었다. 언니는 밤마다 학교생활을 하나도 빠트리지 않고 나에게 재미있게 전달해 주었다. 수녀님들의 헌신적인 교육활동은 그 당시 우리가 경험하지 못하는 많은 체험활동을 학생들에게 반영하였고 경제 지출을 아끼지 않고 최대한 학생들을 배려하는 다양한 행사들은 나의 부러움의 대상이었다.

5월에 촛불을 들고 예배드리는 성모의 밤 촛불 행사, 명동성당에서 김수환 추기경님이 학생들과 함께 미사를 드리는 장면, 종교수업을 받을 때 함세웅 신부님의 감동적인 말씀 등은 나의 마음을 쿵쿵 뛰게 하였다. 특히 언니가 글짓기상으로 받은 이해인 수녀님의 〈민들레 영토〉 시는 그분의 하나님을 향한 마음이 얼마나 깨끗하고 맑은지 나의 마음에 충만감을 주었는데 학교에서는 수녀님들이 종교시간에 그 시를 낭송했다고 한다.

어린 마음에 매일 예수님을 묵상하고 기도하며 만날 수 있는 삶을 동경해 수녀님들이 종교수업을 해주는 계성여고로 배정해 달라고 기도를 하였더니 정말 신기하게 전교에서 나를 포함한 딱 두 명만이 계성여고에 배정을 받아 기적처럼 고등학교 생활이 시작되었다.

고1 때 예수님의 모습을 부조로 벽에 표현한 건물의 시공완성 예배가 있었다. 레지오, 보스꼬, 셀 단원들이 모여 '주 하나님 지으신 모든 세계! 내 마음속에 그리어 볼 때~'라는 찬송가를 불렀다. 그 순간 하나님께서는 내가 이 세상에 태어나 단 한 번도 느끼지 못했던, 표현하기도 어려운, 하나님에 대한 경외감과 충만함을 주셨다. 얼마나 감동적이었는지 난 지금도 이 찬송가를 가끔 부를 때면 그때의 전율을 잊을 수 없다.

4
시련의 시작

 고등학교 1학년부터 '레지오'나 '보스꼬' 같은 종류였던 '셀'이라는 믿음 단체에도 가입해 활동하였고 신문부에도 가입해 나름 외면적으로는 종교 활동을 많이 했지만, 내면적으로는 큰 시련이 찾아왔다.

 막상 종교인의 삶들을 직접 옆에서 부대끼며 지켜보니 나의 관점에서 실망감이 왔고 이곳도 세상과 같은 가문과 학벌, 계급차별이 존재하였음을 깨달았다. 그분들이 생활하는 장소가 세상과 격리된 폐쇄된 곳이라 평안한 것이지 과연 믿음의 충만과 진리의 득도가 있을까? 라는 회의도 들었다.

 특히 가장 지키기 어려운 것이 '고해성사'였다. 어린 소견에 '하나님께 기도는 혼자 하고 직접 아뢰면 되지 왜 신부님을 통해서만이 될까?'라는 고민이 들어 단 한 번도 신부님께 고해성사를 하지 않았다.

또 다른 친구들이 항상 기도하는 마리아를 향한 기도문도 잘 이루어
지지 않았다. 수녀님께 이런 소소한 행동들은 곧 지적을 받았고 나는
어떤 대꾸도 할 수 없었다. 막연히 수녀님들이 말씀하시는 교리들이
다 맞는 것 같지는 않은데 내가 반박하기에는 어린 학생이 교리적인
지식이 있을 리도 만무하고 단지 느낌으로 '저게 다는 아닌 것 같은
데!'라는 생각만 하였다.

   내가 존경했던 훌륭한 선생님들의 논리적이고 명쾌한 철학관과 수
녀님들의 틀에 잡힌 종교관은 너무나 대조적이었는데 나의 마음은
인본주의적 사고관으로 서서히 기울었다.

   하나님으로부터 점점 더 멀어져가는 나의 마음은 고3 때에 이르러
서는 무신론적인 생각에까지 다다랐다. 미래에 대한 모든 판단 주체
는 나 스스로가 되어버렸고 스스로 선택하고 노력하면 모든 일이 이
루어질 수 있다는 자신감도 가지고 있었다. 나의 마음속엔 예수님조
차 이제 희미한 그림자가 되어버린 것이다.

5

신앙의 쇠락과
경제의 몰락

집안 형편이 차츰 나아지면서 고등학교 때부터 새로운 우리 집이 생기게 되어 들뜬 마음으로 이사를 하게 되었다. 부모님은 가정 형편상 언니들을 비록 대학에 보내지 못했지만, 막내인 나에게는 대학을 보낼 수 있다고 하셨다.

하나님께서는 너무나 가난하고 희망이 없어 보이던 우리 가정에 경제의 축복을 부어주셔서 나름 겨우 미래의 설계도 할 수 있었다.

그러나 집안 사정은 나아졌지만 믿음의 길은 반대로 치닫고 있었다. 우리 형제들 신앙의 지주였던 둘째 언니가 재혼남인 형부와 부모님이 반대하는 결혼을 하게 되면서부터 더 이상 믿음을 지키지 않았다. 형부는 교회를 다니지 않는 데다 세상의 명예와 성공을 따라가는 전형적인 사람이었고 둘째 언니도 급속도로 무신론적인 가치관으로 변해 버렸다. 약속이나 한 듯이 다른 언니들도 서서히 성당을 다니지 않게 되었다.

내가 고3이 되자 아버지는 술을 지속적으로 드신 생활습관의 결과로 위에 구멍이 나는 '천공'이 생겨 급히 개인병원에 입원하게 되었다. 그러나 수술은 잘 되었지만, 수술할 때 엑스레이를 찍지 않았던 개인병원 주치의의 부주의로 합병증인 폐렴이 뒤늦게 발견되었다. 병세가 악화되자 종합병원으로 옮기게 된 아버지는 이제 호스가 네 개가 꽂혀 있는 중환자가 되어 버렸다.

6개월이 지나자 의료보험이 적용되지 않았던 그 당시의 병원비는 거의 2000만 원 대에 이르렀고 엄마는 겨우 마련한 집을 처분하여 그 많은 병원비를 지급했는데 정말 딱 집 한 채 값의 병원비가 소요되었다. 담당 의사는 아버지의 병세가 심해지자 무의미한 의료치료는 의미 없다며 그보다 장례식 준비를 하라며 퇴원을 시켰다. 그런데 신기한 일이 이어졌다. 집으로 오신 아버지는 그 후로 넷째 언니의 간호를 받으며 병세가 기적적으로 나아져 겨우 목숨을 구하셨고 이후로는 집에서 미미하게 힘든 병상 생활을 시작하셨다.

그러나 그때 난 분명히 이렇게 기도했다. '하나님! 아버지를 낫게 해주시면 하나님 바라시는 대로 다 하겠습니다.' 그리곤 이 기적 후에는 하나님의 은혜를 새까맣게 잊어버리고 말았다.

어떤 진로도
그것은 하나님의
인도하심이다

EPISODE · 3

1
어떤 진로도 그것은
하나님의 인도하심이다

　고등학교에서 신문부 기자로 활동하며 1년에 4번 나오는 학교신문을 편집했던 나에겐 가고 싶은 대학진로가 신문방송 쪽이었지만 고2가 되자 나의 마음은 평소에 늘 하고 싶었던 미술 쪽으로 진로를 잡고 싶었다.

　미술학원비가 다른 학원과목 수강비보다 비싸 겨우 승낙을 받고 화실에 다닐 수 있었지만 고3이 되자 쓰러져 입원하신 아버지의 병원비가 상상 이상을 넘어가니 아예 대학 자체를 갈 수 있을까? 라는 깊은 시름이 들었다.

　엄마는 내년에는 꼭 보내 줄 테니 1년만 재수를 하라고 하셨지만, 가뜩이나 지치고 힘든 엄마에게 부담을 줄 수는 없었다. 담임 선생님은 정말 미대를 가고 싶다면 실기가 강한 홍대보다는 이론점수만 좋

64

으면 실기가 다소 약해도 합격률이 높은 서울대 미대로 가라고 권유하셨다.

많은 고민을 했지만, 일반대학에 입학하여 엄마에게 수업료 부담을 주는 것이 너무나 마음이 내키지 않았다. 여러 대학을 알아보니 가장 학비가 저렴하고 보조금도 받을 수 있는 곳이 서울교대라는 사실을 알았다. 엄마에게 말하지 않고 일단 조용히 서류를 들고 서초동 서울교대로 향하였다. 바람은 세차게 몰아쳤고 앞에 펼쳐진 서초동은 온통 눈만 쌓인 허허 들판이었다.

추운 겨울이라 서초동 빈 들판에는 유난이 바람이 매섭게 치고 흰 눈이 소복이 쌓여있었다. 혼자 외로이 사각사각 흰 눈을 밟으며 가까이 가보니 주변엔 붙어 있는 건물 하나 없이 한 구석에 검은 벽돌의 건물만 홀로 서 있었다. 그곳이 바로 서울교대였다.

처음 검은 벽돌색상의 이미지로 보인 교대를 보았을 때처럼 사실 대학 4년간은 내면적으로는 긴 암흑의 시기였다. 가려고 했던 서울미대는 내가 마치 갈 자리라도 되는 듯이 그 과에 빈자리가 한 명 비었었고 만약 내가 지원서를 냈으면 실력에 상관없이 100% 합격했을 되었을 상황인 것처럼 보였다.

많은 실망과 좌절이 오면서 다시 새로 준비를 해 대학입시를 한 번 더 보리라 다짐했다. 대학 2학년 때부터는 부전공을 들어가기 때문에 당연히 미술 교육학을 신청했고 방학 때에는 아르바이트를 하지 않고 빈 강의실에 혼자 나가 석고상을 앞에 두고 데생 연습을 꾸준히 하였다. 대학교 4학년이 되자 더욱 마음의 결심이 굳어졌고 집안의 반대를 무릅쓰고 학교수업이 끝나면 화실로 가서 입시 준비를 하였다. 낮에는 수업 중간의 빈 시간이나 수업이 끝난 오후 시간에 도서실에서 입시과목 공부를 다시 하여야만 했다. 세월이 흐른 뒤라 고등학교 시절만큼 기억력이 좋지는 않았고 수학 영어공부를 다시 하니 역시 이것도 쉽지 않았다.

결국, 집에서는 용돈을 끊게 되었는데 언니의 도움으로 겨우 미술 재료비와 화실 비를 댈 수가 있었다. 긴 인내의 시간이 지나고 대학 4학년 하반기가 오자 드디어 홍대에 지원서를 내고 실기와 면접을 준비하였다. 드디어 겨울방학이 오고 기다리던 면접일이 다가왔다. 그날 아침! 평소대로 아버지의 식사를 준비했는데 그때 아버지는 유난히 까다로운 성격을 표현하시며 국을 다시 끓여 오라 하셨다. 아버지께는 차마 면접일이라고 말을 할 수가 없어 다시 밥상을 차리고 집을 나와 보니 아뿔싸! 하늘에는 흰 눈이 펑펑 내리고 있었다.

얼른 택시를 타고 홍대로 향하였는데 눈이 오니 정말 차들이 계속 막히고 시간은 점점 흘러갔다. 겨우 홍대에 도착할 때는 면접을 시작하는 시간보다 20분이나 늦은 시간이었다. 학교 측에서는 시간이 지났으니 더 이상 들어 올 수 없다고 단호히 말하며 돌아가라 한다!

'아! 아버지가 그냥 식사하셨으면! 눈이 내리지 않았으면!' 홍대 교정을 내려오면서 나의 마음은 순간 누군가 상황을 이렇게 꼬이게 하지 않는 이상 어떻게 이럴 수가 있을까? 라는 생각이 퍼뜩 들었다. 그리고 갑자기 하늘을 향해 고개를 들고 마음속으로 이렇게 외쳤다.

'알겠습니다. 깨끗하게 포기하겠습니다. 내가 이렇게 있는 힘을 다

했는데! 이제 미련이 없어요!'라고 말하며 모든 열정과 집착을 내던져 버렸다. 던져버리니 그동안 버겁게 메고 왔던 집착의 짐은 가벼워졌지만, 냉소와 자괴감, 그리고 몰려오는 허무감을 주체할 수 없었다.

그런데 이제 와 생각하니 만약 교사가 되어 학교현장에서 아이들과 함께 30년 이상 같이 생활하는 시간이 없었더라면 지금의 성경동화를 결코 만들 수 없으리라는 확신이 든다. 내가 가고 싶은 길과 하나님께서 인도하시는 길의 방향은 다르지만 어떤 길도 그 길은 결국 하나님께서 인도하셨다는 사실이다.

2

즐겁지는 않았지만,
열심히 한 일

교직에 처음 임했을 때 나에 대해 온갖 표현할 수 없는 굴욕감이 있었다. 내가 선택한 길이 아니라 그 이유가 집안사정이든 다른 이유든지 어쩔 수 없는 선택의 길이라는 생각 때문이었다.

그러나 한편으론 이런 나의 개인적 이유에 상관없이 내 앞에 있는 아이들에게는 최선을 다하는 것이 옳다고 보았다. 일에 대한 즐거움보다 책임감에 대한 무게가 더 무거울수록 퇴근하고 나올 때는 머리가 띵하도록 아이들과 수업에 집중하여 항상 바쁘고 스스로 힘든 생활이 어언 30년 지나간 것 같다.

처음 출발부터 원하지 않았던 직장생활이라 아이들의 수업에만 나의 최선을 다했지 정작 학교생활이나 다른 동료 교사들에게는 관심을 가지지 못했다.

특히 학교라는 곳은 종일 아이들에게 노출이 되어 나의 상황이나 마음, 감정에 상관없이 수업하면서 말을 해야만 하는 곳이었고 그 밖에 학부형님, 또는 학교 관계자 등 많은 사람에게 둘러싸인 환경은 나에게 많은 책임감과 부담감을 주었다.

다른 일은 적당히 해도 경제적인 손실로만 연결이 될 수 있지만 학교일을 적당히 한다는 것은 곧 아이들에게 직접 피해가 가기 때문에 정말 개인적으로 감기에 걸리는 것조차 조심해야 했다. 당장 몸이 피곤하고 아프면 수업을 활기차게 못 하게 되고 서 있으면서 수업을 한다고 해도 실제적으로는 자습형태의 수업이 되기 때문에 역시 아이들에게 피해를 주기 때문이다.

이런 심리적 부담감은 늘 나에게 자유롭지 못한 압박이 되었는데 적어도 아이들에 대해서만은 최선을 다하지 않으면 안 된다는 강박감으로 연결되어 늘 나를 달달 볶는 상황을 많이 만들었다. 누가 잔소리를 해서가 아닌 스스로 자신을 옭아매는 것이라 늘 하루의 일과를 마치고 나면 만족스럽지 못한 마음으로 잠들 때도 있었다. 그럴수록 언젠가는 남편이 나보다 두 배로 월급을 받을 때 이곳을 떠나고 싶다는 생각이 들 때도 종종 있었다. 왜 행복한 마음으로 아이들을 대하지 못하고 책임감만 더 앞섰는지 지금 생각해 보면 그것도 하나님 앞에 내려놓지 못하는 자기 자존심의 집짓기가 아닌지 돌이켜보게 된다.

특히 내가 싫어하는 수업이 체육수업과 음악수업이었는데 체육을 싫어하는 자신 때문에 아이들이 피해를 볼까 봐 오히려 남보다 운동장을 거의 매일 나가다시피 한 것 같다. 놀이 활동을 많이 하면 아이들이 정말 즐거워하고 그런 아이들을 보면 하루의 피로가 이때 다 사라지기 때문이다. 아이들의 일기에는 '우리 선생님은 체육을 정말 좋아하나 보다!'라고 자주 썼는데 진실은 정반대인 것이다. 음악은 내가 노래를 잘 부르지 못해 아이들에게 역시 피해를 주는 수업이 될까 봐 특히 아이들의 노래 활동 참여 시간을 많이 가졌다. 음악 활동 감상 시간과 다양한 연주 활동을 많이 병행했는데 아이들은 모를 것이다. 선생님이 얼마나 음악수업을 힘들어했는지!

최근 몇 년 전 한 직무연수에서 나의 동기가 강사로 우리 학교를 방문한 적이 있었다. 아이들에게 책을 즐겨 보게 하고 책 만들기 활동에 참여하면 많은 교육적 효과를 열매 맺을 수 있다는 그녀의 강의를 듣고 굉장히 감동을 받은 적이 있었다. 이 영향으로 2016년 명예퇴직을 할 때까지 몇 년간 우리 반 아이들에게 '1인당 1권 책 만들기 프로젝트'를 수업에 반영했었다. 아이들이 자신들이 만든 책을 받았을 때 그 행복해했던 표정을 잊을 수 없다. 만약 홍대로 가서 다른 길을 갔다면 이런 놀랍고 감동적인 경험을 할 수가 없었을 것이다.

3

아버지의 죽음과 결혼, 믿음의 여정

교직 첫해에 대학 4년 동안 믿음 생활이 정지되어 있던 나에게 집안의 두 번째 시련이 찾아왔다. 그동안 병치레를 자주 하여 겨우 조금씩 움직이며 사셨던 아버지는 매일 양약을 세 번씩 복용하는 생활을 하셨는데 이런 영향으로 이번엔 얇아진 내장 장기에서 천공이 생겨 입원한 것이다. 하루에 피를 1000CC 정도 흘리기 때문에 병원에서는 보관된 혈액이 아닌 즉시 수혈을 받은 피를 주입해야 간신히 천공을 막을 수 있다 하였다. 나는 친구와 인맥을 최대한 동원해서 거의 두 달 동안 매일 청년 두 명을 소개받아 그분들의 헌혈을 받아야 했다.

퇴근 후 곧장 병원에 가서 그분들께 답례로 봉투를 드리고 감사의 인사를 드린 후 곧장 병실에 올라가 하루 종일 딸의 퇴근만 기다리

넌 아버지의 창백한 얼굴을 뵈어야 했다. 몇 달이 흘러도 아버지의 병세는 호전이 없었고 언니들도 모두 결혼하여서 엄마와 단둘이 남아 있는 나에게는 감당하기 힘든 생활의 연속이었다.

그런 어느 날 아버지가 돌아가셨다는 병원의 연락을 듣고 서둘러 조퇴를 하여 서울대 병원을 향해 달려갔다. 병실에 도착하자마자 눈을 감으신 아버지의 몸을 만져 보니 아래쪽 발은 차가웠고 아직 몸 위쪽은 미온이 남아 있었다. 그런데 아버지의 모습을 자세히 볼 시간도 없이 곧 병원 담당자들이 오더니 하얗고 창백한 얼굴로 눈을 감으신 아버지를 흰 천으로 덮은 후 사망한 분들을 보관하는 냉동보관실로 데려가는 것이 아닌가! 우리 형제들은 울면서 냉동보관실로 따라갔는데 그곳은 시신을 넣어서 보관하는 서랍식으로 된 시신 보관실이었다. 도착한 아버지의 시신은 마치 물건처럼 흰 천에 둘둘 말려 차가운 스테인리스 서랍에 넣어져 들어갔다. 사람의 종착역은 이렇게 차가운 시신으로 저 서랍에 들어가는 것이고 이것이 아버지의 마지막 모습이었다. 아버지가 돌아가신 것에 대한 슬픔과 모든 사람의 마지막이 다 저렇다고 생각하니 더욱 표현할 수 없는 허무함이 뜨거운 눈물로 흘러나왔다.

병원 생활이 몇 달이었는데도 마치 몇 년을 산 것처럼 마음이 지쳐 가고 경제활동을 내려놓은 엄마까지 돌보아야 한다는 중압감으로 인해 아버지가 돌아가시고 난 후에는 모든 힘이 소진되어 정신적인 회복이 매우 힘들었다. 어느 날 밤 '하나님! 저에게 살 힘을 주세요!'라는 독백을 하며 눈물을 흘렸는데 그것이 지치고 지친 나의 영혼이 하나님께 엎드려 돌아가는 여정의 시작이었다.

90년도에 지금의 남편을 만났을 때도 난 결혼 조건으로 교회를 다녀야 한다는 것을 요청하였는데 남편은 쾌히 승낙했고 우리는 반포 남서울교회에서 두 사람 모두 세례를 받게 되었다. 남편은 심성이 고운 사람으로 믿음생활을 조용히 하고 성실히 교회예배에 참여했지만, 아직 말씀에 대한 확신이 적어 늘 그 자리에서 진전이 없는 상태의 연속이었다. 물론 그 원인의 가장 큰 책임은 나였다.

교회를 다녀도 나의 마음엔 늘 막혀있는 부분이 있었는데 내면 깊은 곳에는 예수님의 부활과 재림 그리고 곧 그분이 하나님이라는 사실을 머리로 이해하려 하는 것이지 진정 가슴으로 느끼지 못한 아골 골짜기 마른 뼈이었던 것이다.

4
계속하고 싶었던
미술공부

　결혼한 그해 곧장 첫째 아이가 임신이 되어 우리 부부는 시부모님과 합가를 하여 대가족생활을 하게 되었다. 90년 11월 28일 첫째 아이를 출산하고 94년도에는 둘째 딸아이를 출산하였다.

　힘든 둘째 아이의 육아가 3년 정도 지난 후 어느 날 시어머님은 조용히 '이젠 대학원을 가도 되지 않겠니?'라며 깜짝 놀랄만한 말씀을 해 주셨다. 마음으로는 가고 싶지만, 육아를 어머님께만 맡길 수는 없었기 때문이다.

　최대한 가사 일에 피해가 가지 않는 범위에서 여러 대학원을 알아보니 그 당시에는 교원들에게 인기가 많았던 청주 교원대학교대학원이 나에게 딱 맞는 조건의 대학원이었다. 학교를 잠시 휴학하고 대학원에 가는 파견 코스와 방학 때에만 가는 계절제 코스가 있었는데 파견 코스는 공부를 깊이 할 수 있으나 집을 떠나 학교에서 공부하므로 주말에만 집에 갈 수가 있었다. 반면 계절제 코스는 방학 한 달 동안만 기숙사에 가서 공부하면 되니 차라리 계절제가 나을 것 같았다. 하지만 청주 교원대학원은 도별로 인원수를 뽑는 시스템이라 각 도에서 2~3명씩만 뽑는다 해도 서울도 똑같은 인원수로 뽑으니 지원자가 많은 서울 응시자들은 아무래도 지방지원자보다 불리하였다. 이미 이곳에 합격해 다니고 있는 한 친구에게 문의해 보니 자신은 3년 동안 준비했는데도 계속 되지 않아 겨우 4년 차에 합격했다며 나에게 준비를 철저히 해야 한다고 조언했다.

미술 교육 쪽은 다른 과의 시험과 달리 이론과 실기를 같이 병행해야 했는데 졸업 후 오랫동안 그림을 손 놓은 나에게는 더욱 버겁게 느껴졌다.

친구의 조언대로 꼼꼼히 1년을 준비한 후 시험을 치르고 싶었지만 그래도 시험을 한 번 경험해보는 것도 좋다고 생각해 그해 하반기에 나머지 6개월 동안 마음을 다지고 시간을 쪼개가며 이론 공부와 그림 작업을 시작하였다. 그 당시 집은 일산이었고 직장은 수색에 있어 출근 시간이 꽤 길었지만, 어머님께 양해를 구하고 아침 7시 10분까지 학교에 도착해 아이들이 교실에 도착하는 8시 20분까지 이 빈 시간에 최대한 책을 집중해 읽고 정리를 하였다. 처음엔 시간이 걸려도 추천받은 책 두세 권을 먼저 정독을 하였고 두 번째부터는 읽으면서 그 내용을 공책에 정리하는 식으로 요약하였다. 처음에는 한 권당 정리한 내용이 두꺼운 스프링 공책 몇 권씩 되더니 다섯 번째부터는 공책의 정리 분량이 줄어들고 내용은 더 함축적으로 요약되어 꼭 문제지 답안처럼 단순화되었다. 공책으로 요약하는 기간이 끝나고 전체적인 내용이해의 윤곽이 잡히자 난 몇 년간의 시험문제 제목 족보를 구해서 혼자 조용히 예비 시험답안준비를 하여 보았다.

제목 50여 개의 문제를 B4크기 시험지 종이에 앞뒤로 답안을 쓰다 보니 재미있는 사실이 한 가지 발견되었다. 어떤 미술사조에 대한 문제가 나와도 서론 부문은 고전주의에서 인상파로 가는 혁신적인 미술사적 전환점이 반드시 기술이 되어야 하며 이어서 본론으로 자연스럽게 내용이 이어져야 한다는 사실이었다.

또 결론 부문에서는 포스트모더니즘의 특징이 열거되어야 내용의 마무리를 할 수 있었다. 이런 생각이 드니 본론 부문에서는 각 미술사조의 중요한 특징만 잘 열거하면 되므로 미술사조의 핵심내용을 달달 외워서 막힘없이 글로 쓰는 연습을 수없이 반복했다.

이렇게 하니 나중엔 핵심 완성 답안 50장 정도가 최종적으로 남게 되었다. 교육이론 쪽으로는 책의 분야별 핵심내용을 안 보고도 쓸 수 있도록 역시 글쓰기 연습을 수십 번 이상 써야 했다. 머리로 아는 것보다 글을 쓰면서 암기하고 표현하는 방법이 언제라도 잊지 않고 거침없이 답안 글을 쓸 수 있기 때문이다.

그림 실기준비는 마침 우리 아파트상가에 미술학원이 있었는데 원장님이 순수작가분이어서 이분께 상담을 한 후 일주일에 시간 나는 대로 밤이나 주말에 혼자 그리는 연습을 하게 되었다. 그림 실기시험의 출제 방향은 꼼꼼한 구상화 쪽보다는 자신의 개성이 살아있는 방향이 좋다고 해 다소 나에게 맞지 않는 대담한 터치가 나는 붓칠과 색상표현을 연습해야 했다.

드디어 겨울방학이 왔다! 청주 교원대로 내려가서 시험을 치르게 되었는데 가서 보니 생각보다 꽤 많은 응시자가 온 것 같아 사실상 큰 기대를 하지는 않았다. 운이 좋았던 것은 그 날 교육학 쪽으로 가장 최근에 내가 연습을 했던 '상대평가와 절대평가의 장단점을 구체적으로 현장의 체험을 살려 기술하라'는 내용의 문제가 나와 다행히 막히지 않고 술술 썼다는 것이다.

그런데 놀라운 것은 그렇게 기대하거나 기도를 하지도 않았는데 합격통지를 받았으니 이것은 내가 알지도 측량하기도 어려운 하나님의 은혜였다. 이 감사함은 지금 깨닫고 느끼는 것이지 그 당시는 내가 열심히 해서 된 것만으로 알았다. 교육청에 가서 합격증을 받았는데 담당 장학사님은 서울에서는 나를 포함해 두 명만 합격했다며 축하를 해 주셨다.

6개월 준비 끝에 합격한 것도 놀라운데 서울에서 두 명만 합격시켰다는 것이 너무 놀라웠다. 이렇듯 하나님의 준비하심은 우리가 헤아릴 수가 없다. 이후 2년간 방학 때마다 청주에 가서 미술공부를 할 수 있었지만, 반대로 나의 마음은 집안에서 일어난 갈등으로 인해 점점 더 피폐해져만 갔다.

4

식탁에 펼쳐진 성경!
하나님의 인도하심

1

시아버님과의 불화와
냉랭한 부부관계

두 아이가 차츰 자라면서 32평대의 아파트에 6명 대가족이 살기에는 너무 좁아 점점 답답한 마음이 커졌다. 안방은 시부모님 두 분이 사용하셨고 중간 작은 방은 우리 부부가 생활하기에는 너무나 비좁았다. 할 수 없이 시부모님을 설득하여 우리 신혼집을 팔아서 정리하고 방 네 개의 40평대 큰 아파트로 분양을 받아 이사하게 되었다. 그런데 정말 예상치 못한 시련이 오게 되었다.

새 아파트는 시부모님의 돈과 우리 신혼집을 매매한 돈이 합쳐졌기 때문에 원래는 집의 명의를 시아버님 앞으로 하려고 했는데 어머님의 생각은 좀 다르셨던 것 같다. 어머님은 아버님이 혹 갑자기 돌아가실 경우 유산분배 문제라든가 집의 명의를 다시 옮기는 문제가 불편하다는 생각이 들어서 집 명의를 우리 남편 앞으로 하자고 아버님게 말했고 아버님도 쾌히 동의해 주셨다.

이 문제는 워낙 민감한 일이라 내가 뒤로 있는 것이 낫다고 판단했고 어머님과 남편이 주도적으로 해결해야 뒷말이 없다고 생각해 아예 간섭을 하지 않았는데 오히려 이것이 더 큰 문제가 되었다.

아버님이 남편과 함께 있는 자리에서 분명히 설명을 들으시고 계약서에 사인도 하였는데 이사를 한 후에 아버님은 집의 명의가 본인의 앞으로 안 되었다고 이의제기를 하신 것이다.

나중에 알고 보니 아버님이 어떤 문제에 집착하면 기억을 못 하시고 부분적인 치매 현상이 온다는 것을 후에 알게 되었다. 그러나 그때는 아버님의 말씀이 진실로 받아들여지고 나의 말은 거짓말처럼 되어버렸는데 제일 아버님께 질타를 당하시고 억울해하신 분은 어머님이었다.(이사한 후 남편은 곧장 중국 북경 주재원을 신청해 가게 되었다. 나는 단호히 아기가 어리다는 이유로 나중에 가겠다는 결정을 내렸고 남편 혼자 북경으로 떠나게 되었다)남편은 이 소식을 듣고 잠시 귀국해 시누이, 친척분들에게 상황을 설명했고 다행히 오해는 풀어졌다. 하지만 유독 아버님의 나를 향한 오해는 점점 커지고 아버님은 남편과 시어머님을 내가 뒤에서 제어했다고 생각하신 것이다.

평소에 두 분 시부모님에 대해 내가 받을 유산은 0원이라고 항상 생각해서 살아왔기에 나의 내면의 분노는 더 컸었다. 어느 날 새벽! 대학원 논문을 쓰고 있는 중이었다. 갑자기 안방에서 들려오는 아버님의 목소리가 커지자 나도 모르게 나와 문 가까이서 말소리를 듣게 되었는데 정말 기절할 뻔했었다. 아버님은 내가 생전 듣지도 못하는 나에 대해 욕설을 하시며 신문이나 교육청에 신고하겠다는 것이다. "그렇게 생각이 안 나요?"라고 반박하는 어머님에게는 "너 아들이니까 주고 싶지?"라며 말해서는 안 될 말씀을 하시는 것이었다.

그 당시 어머님이 아침마다 방문을 열고 나오실 때 꼭 얼굴이 창백한 시체가 걸어 나오는 것처럼 보여서 많이 걱정하였는데 사실은 이렇게 새벽이 새도록 아버님께 말로 고문을 당하시고 며느리에게는 미안해서 단 한마디 표현도 못 하셨던 것이다. 아버님에 대한 인격적 실망과 분노! 그리고 결혼생활 자체에 대한 회의가 들어 남편과의 관계는 점점 냉랭해지고 나의 마음엔 이혼하고 조용히 살고 싶다는 생각이 끊임없이 들었다.

나는 지금까지도 우리 시어머님에 대해 많은 연민이 있다. 일제 강점기에 처음 결혼을 했던 시어머님은 남편분이 학도병으로 끌려간지 3개월 후에 전사하셨다고 한다. 그 후 홀로 시아버님을 8년간 봉양하며 생활하였는데 어느 날 시아버님이 어머님을 부르시며 이렇게 말씀하셨단다.

"아가야! 난 이제 월북해서 나의 길을 가려 하니 너도 친정으로 돌아가도록 해라" 그 당시 와세다 대학을 나온 엘리트이셨던 어머님의 시아버님은 좌익 활동을 하신 분이었는데 농사도 지으시는 검소한 실천가이셨다고 한다. 어머님은 이때부터 본인의 친정에서 줄곧 생활하시다 우연히 지금의 아버님 집안에서 맞선 제의가 들어와 그 집을 낮에 방문하게 되었다. 방에는 이제 생후 두 달이 된 아기가 배가 고파 울고 있었고 6명의 아이가 동그랗게 앉아 한솥밥을 먹는 모습을 보고 '저 아이들을 내가 아니면 누가 보살펴 줄까?'라는 긍휼한 마음이 드셨다고 한다.

아버님이 학교에 출근해서 없는 집에는 생후 2개월의 울고 있는 아기와 반찬 없이 밥을 먹고 있는 여러 아이의 모습에 그만 남편 얼굴도 아직 모르는 채 중매쟁이에게 결혼하겠다고 하셨단다. 이전의 전 시어머님은 아이를 출산하던 중 산후 후유증으로 그만 돌아가셨다고 했다. 이후 두 달이 지나자 주변 친척분들이 생후 두 달인 아이를 돌볼 수 있는 새어머니를 찾아보는 중이었는데 착한 우리 시어머님이 이런 결정을 내린 것이었다.

어머님은 전처 소생의 8명의 자녀와 본인 소생의 2명 자녀, 모두 10명의 자녀를 정말 차별 없이 사랑으로 헌신적인 양육을 하시며 너무나 화목한 가정을 꾸렸는데 본인의 삶은 얼마나 힘들고 고달팠을까 싶다. 매일 도시락을 6개 이상 만들어야 하고 아침에 어린 아기였던 남편을 마당에 던져놓으면 저녁에 일이 끝나고야 한 번 안아줄 수 있었다고 한다. 이런 어머님의 희생 어린 헌신적 삶을 알기에 난 어머님을 매도하는 아버님을 결코 용서가 잘 안 되었다.

이 시기에 IMF로 인해 환율이 올라가자 남편 회사에서는 남편을 북경에서 한국으로 다시 송환시켰는데 결국 임기를 못 채우고 돌아온 것이었다. 돌아온 남편에게 조용히 서로 이혼을 해 각자의 길을 가자고 했더니 남편은 흐느끼며 나와 이혼을 하기 싫다는 것이다.

정말 이혼을 하고 싶었지만, 저 착한 남자를 어떻게 하나! 싶어 일단 잠시 보류를 하였다. 우리가 시부모님과 살았던 큰 집은 그 당시

8000만 원의 손해를 보고 급히 팔았고 부모님과 경제정리를 깔끔하게 한 후 우리는 둔촌동 빌라로 이사를 하였다. IMF 때라 집도 거의 급매로 내놓고 싼 가격에 팔 수밖에 없어 경제적 손실이 너무나 컸다. 이때부터 두 아이의 힘든 생활이 시작되었다.

엄마 학교가 수색에 있어서 두 아이는 아침 일찍부터 엄마 차를 타고 수색까지 오는 긴 1시간의 출근 시간을 견뎌야 했고 오후에도 집에 갈 수 없으니 마땅히 쉴 곳이 없어 무척 힘들어했다. 이 시기가 나의 결혼생활에서 가장 불행했던 시기였다.

2
북경 주재원 1차 발령은
새벽으로의 인도하심이었다

경제가 폭삭 꺼진 상태에서 집마저도 없는 우리는 IMF의 피해를 고스란히 받고 북경으로 향하게 되었다.

남편은 내가 북경에 도착한 즉시 중국어학원에 9시부터 12시까지 강좌를 끊어 놓고 일단 중국어 공부를 시작하라고 하였다. 처음 간 북경에서 그것도 가자마자 다른 주재원 엄마들과 함께 택시를 기다리며 학원으로 가는 생활은 정말 낯설고 힘들었다. 다른 엄마들은 두 타임만 듣고 가면 되는데 난 두 타임을 더해 12시 넘어서까지 들으니 체력이 달리고 하루하루가 퍽퍽했다. 6개월이 지나서야 시장에 가서도 이젠 속지 않고 물건을 살 수 있었고 아파트 경비병이나 청소 아줌마에게 부탁도 할 수 있었다.

하나님께서는 이 척박한 북경에서 나에게 새벽기도의 문을 열어주셨는데 마음속 깊이 하나님을 만나지 않으면 이제 소망이 없다는 생각이 가슴 깊이 저려 온 것이다.

특히 북경의 새벽 겨울 찬바람은 시퍼런 칼날처럼 얼굴을 때렸고 뼛속까지 추위가 스며들어 10분 이상 서 있으면 아무리 두꺼운 옷을 입어도 오들오들 떨게 된다. 새벽 4시 반에 아파트 앞으로 나가 기다리면 곧 교회차량이 오고 차를 탄 후 차는 20~30여 분을 이곳저곳을 거쳐 성도들을 태운 후 교회에 도착하였다. 5시 넘어서야 예배가 시작되었는데 목사님의 말씀이 끝나면 곧 온 마음을 다해 하나님께 아뢰는 그 시간이 너무나 행복했다. 아이들을 학교에 보낸 후에는 새벽에 받은 찬 기운을 반드시 따뜻한 곳에서 잠시라도 누워 풀어야 했는데 인간적으로는 사실 몸이 온종일 찌뿌둥하지만, 마음은 너무나 기뻤다.

주재원 엄마들의 생활은 거의 세 종류 스타일의 생활 방식으로 많이 나뉘는데 첫 번째는 교회활동에 열심인 엄마! 두 번째로는 중국어를 배우는 공부에 치중하는 엄마! 그리고 운동과 여가활동에 치중하는 엄마! 어떤 것이 정답이라고 내릴 수는 없으나 하나님께서는 이 회색빛 하늘의 북경에서 새벽기도를 사모하도록 강하게 나의 마음을 이끄셨다.

그때 우리 교회에서 성도들이 가장 많이 했던 기도 제목은 '중국을 위한 기도'였다. 올림픽을 준비하는 중국을 위하여! 또 중국인에게 하나님의 말씀이 전파될 수 있도록! 중국에 하나님의 은혜가 넘치기를! 시간이 지나자 한국에서 지치고 지친 심신은 새벽기도로 주신 하나님의 은혜로 서서히 치유되고 있었다.

그러나 이런 축복의 생활은 이제 3년 차가 다가오자 귀국을 준비하는 것으로 바뀌었다. 사스가 발생하는 바람에 딸과 나는 6개월 먼저 귀국을 했고 남편과 아들은 몇 개월이 지나서야 같이 올 수 있었다. 한국에 와서 처음 한 달은 아침에 눈을 번쩍 뜨면 갑자기 이곳이 북경의 왕징(望京. 베이징시 차오양구 동북쪽 위치) 같아서 꼭 북경에 다시 있는 기분이 들어서 한국생활 적응이 쉽지는 않았다. 북경은 신앙적인 면에서 나의 고향과 같은 곳이라 항상 그곳의 생활이 그리웠고 다시 가고 싶은 마음이 굴뚝처럼 들었다. '주재원을 두 번이나 갈 수 있을까?'라는 생각을 가끔 하게 되었는데 나중에 정말 다시 가게 되었으니 이것은 놀라운 하나님의 은혜였다.

3
이것은 출판의
씨앗이었을까?

    2003년 귀국하고 복직을 한 후 나의 생활은 그야말로 직장과 가정을 오가는 기계적인 생활의 연속이었다. 이때부터 언니가 다니는 명성교회를 다니게 되었는데 몸이 힘들어 새벽예배는 나갈 수 없었고 나의 생활도 강남 엄마가 지향하는 아이들 교육 우선의 생활로 달음질치고 있었다. 아이들 교육이 우상이었고 경제회복에 대한 강한 열망으로 지인과 함께 몇 군데 나누어 부동산 투자를 여기저기에 하였다.

    교육우상, 부동산투기, 물질숭배 등 하나님이 원하시지 않는 것은 모두 하고 있었다. 나름대로 교회봉사도 열심히 하고 있었지만, 세상의 것도 같이 추구하고 있었던 것이다.

    그런데 특이한 상황이 생기게 되었다. 이 시기는 지금 생각해 보아도 인간적으로는 너무나 최악이었지만 이 안 좋은 상황도 하나님께서는 사용하신다는 것을 나중에 깨닫게 되었다. 오프라인 서점에서 어린이 전집을 취급하던 언니가 경제적인 부흥이 일어나 자신이 책을 직접 만들어 보고 싶었던 생각을 가지게 되었다.

북경에 있을 때, 이미 집이 없어져 버린 우리에게 형부로부터 전화가 왔다. 지금 본인이 사는 아파트 단지에 싼 집이 한 채 나왔으니 대출을 받더라도 샀으면 좋겠다는 내용이었다. 남편은 한국으로 출장을 가는 길에 잠시 그곳에 들려 집을 계약했고 귀국한 우리는 곧장 그곳에서 보금자리를 폈다. 그런데 짐이 도착한 후 짐 정리가 끝나자마자 언니는 늦은 밤에 우리 집으로 와 내 앞에서 원고를 한 보따리 내려놓더니 자신이 전래동화와 명작 동화를 만들려고 한다며 이 원고 정리를 도와달라는 것이 아닌가!

이 집도 언니가 소개해서 샀기 때문에 마음의 부담도 있어서 딱히 거절할 수 있는 상황이 아니었다. 언니와 나는 한 달여 넘게 새벽까지 초등 국어책을 뒤져가며 의성어 의태어를 몇백 개씩 찾아 글의 문장 사이에 넣고, 문장을 다듬는 기초 원고 다듬기를 하였다. 글이 거의 다듬어지자 언니는 친척 화가분에게 소개받은 작가들을 섭외한 후 나에게 이 그림의 시안 조율을 부탁하였다.

지금 돌이켜 보면 이 1년간 화가들과의 조율 경험들이 나중에 성경동화를 만드는 데 도움이 되었다고 인정하지 않을 수 없다. 퇴근하면 아이들을 돌보아야 할 시간도 없이 화가들이 사시는 남양주까지 가서 그분들과 만나고 식사하고 그림을 조율하는 시간이 거의 1년 세월이 흘러간 것 같았다.

그때 엄마가 없는 시간이 많던 우리 아들이 엄마 몰래 컴퓨터게임 중독에 빠지는 것을 지켜볼 수밖에 없는 안타까운 일들이 일어났다. 이것은 나중에 나와 아들 간의 많은 언쟁과 갈등의 요인들이 되었다. 언니는 더구나 나에게 1억 원 정도의 대출을 받아달라고 부탁하여, 남편을 설득해 돈을 꿔주었는데 여기에는 언니가 '이 사업이 잘 되면 혼자 사시는 친정엄마를 서울로 모셔오겠다'는 제안을 했기 때문에 딱히 거절할 수 없었다.

생활비가 모자라고 몸이 아파 고생하시는 친정엄마는 늘 나에게 측은지심과 슬픔을 주셨기 때문이다. 2005년! 책은 우여곡절 끝에 나왔고 언니의 출판 사업은 시작이 되었지만, 언니는 나와의 약속을 뒤 순위로 미루게 되었고 이로 인한 나의 반발로 인해 언니와의 관계는 서먹해졌다.

이때 엄마에게 한 통의 전화가 왔다. 엄마의 일에 더 관여하지 않겠다는 언니의 통보를 받은 엄마는 너무 슬픈 목소리로 울면서 "영란아! 언니가 이제 서울 오지 말란다!"라며 작은 흐느낌으로 막내딸에게 통곡했다. 엄마의 전화를 받은 나는 분노와 함께 더 이상 언니의 일에 간여하지 않게 되었다. 언니는 2003년 빌린 이 돈을 그 후 2012년까지 갚지를 못했다.

4

북경 주재원 2차 발령!
그것은 하나님의 부르심이었을까?

2003년 이후의 한국은 그야말로 부동산 광풍이 거세게 지나가는 시기였고 하루하루 올라가는 집값을 보며 많은 사람이 한숨과 더불어 부동산 제일주의의 욕망을 가지게 되는 시기이기도 하였다. 나도 이 광풍에서 예외는 아니었다.

2004년부터 2006년까지 친한 지인과 함께 투자한 세 종류의 결과는 그야말로 모두 실패였다. 대부분 돈을 받을 수 없게 되어 버렸고 어떤 곳은 조합장이 구속되는 바람에 해결의 실마리도 찾을 수 없었다. 철저히 세상을 따라간 나의 몸과 마음은 소진 될 대로 소진되어 하나님께 드리는 기도의 내용조차 세상의 구복적인 내용뿐이었다.

두 아이 교육방식도 많은 과외와 철저한 영어교육 숭배로 의지했고, 아이들에게 하나님의 말씀을 들려주는 것보다 세상의 교육관을 더 주장했으니 지금도 아이들에게 미안하고 하나님께 죄송하여 고개를 들 수 없는 부분이다.

2008년에 친정엄마는 위암으로 투병하시다 요양원에 가셨는데 이 때 나의 경제실패 때문에 엄마에게 충분한 위로를 못 드린 것이 지금도 마음이 아프다. 하필 가장 어려울 때 엄마는 아프셨던 것이다.

그해 2008년 초에 남편은 북경 주재원으로 다시 발령을 받아 중학교 2학년인 딸과 함께 먼저 북경으로 가게 되었다. 북경을 두 번이나 다시 가게 된 것은 드문 일이었는데 꼭 한 번 더 가고 싶은 나의 간구가 이루어졌으니 이 일 또한 하나님의 은혜였다. 그 당시 아들이 고3이라 대학입시가 끝난 2009년 3월에야 나는 혼자 아들을 시어머님께 맡기고 겨우 북경으로 향했다. 사실 북경에 가기 전 아들 때문에 나는 북경에 가는 것을 포기하려고도 마음을 먹었었다. 고 3이 되어서도 아들은 밤 10시 집으로 온 이후에는 새벽까지 게임을 자주 하였는데 이런 행동은 나를 너무나 화나게 했고 여러 갈등의 골이 깊어져 정말 나중엔 이 아이를 바다에 던지고 싶은 마음까지도 들었다.

아들의 입시 결과는 너무나 실망스러웠는데 평소에 자주 1등급을 받던 국어에서 아들은 3등급을 받아 최악의 국어 점수를 기록하였고 사실상 서울 안에서의 입학은 힘들어졌다. 그렇게 발버둥 치며 교육 우상에 매달린 결과는 이렇게 허무하게 마감한 것이었다. 아들을 다시 재수 시키고 싶은 생각이 서서히 들었고 나의 마음은 1년 더 늦게 북경에 가자는 생각으로 점점 기울어졌다. 그런데 갑자기 빨리 북경행을 서두르게 된 일이 발생하였다.

북경 가기 한 달 전 어느 저녁, 평소에 하루에 한 번씩 북경에 전화를 하는지라 그날도 남편에게 통화를 하게 되었다. 남편은 술에 취해 있었고 택시를 타고 집으로 돌아가는 길이라고 했다. 그런데 통화 후 1시간 후에 다시 전화해도 여전히 택시에 타는 중이라 한다. 앗! 너무나 깜짝 놀랐다. 이것은 곧 택시기사가 손님이 술 취한 것을 이용해 계속 집 주변을 빙빙 돌며 운전하고 있는 것이기 때문이다.

그 당시 한국과 달리 북경에서 밤에 그런 일이 생긴다는 건 매우 위험한 일이었다. 더구나 남편이 "여보! 뒤에서 악마가 쫓아오고 있어!"라고 말하다가 잠시 후 "살려주세요!"라는 한국말의 뜻인 중국말로 "취우 워"라고 크게 외쳤기 때문이다. 너무나 놀라 사무실 직원에게 급하게 전화해 집 주위를 찾아보라고 부탁했고 자정이 넘어서야 남편이 집에 도착했다는 직원의 연락을 받을 수 있었다. 우려한 대로 당연히 남편의 지갑과 핸드폰은 발견되지 않았다.

갑자기 나의 뇌리에 스치는 음성! '너! 이래도 북경으로 오지 않니?'라는 마음의 압박이 스쳐 갔고 이것은 하나님께서 주신 것이라는 것을 너무나 잘 알고 있었다.

2008년도 4월 시아버님의 소천에 이어 8월에는 친정엄마의 소천이 이어졌고 아들의 대학입시, 경제적 실패 등을 안고 2009년 3월 북경에 도착한 나의 모습은 지치고 지친 모습이었다.

그렇게 사교육과 영어교육을 신봉하며 발버둥 쳤지만, 자녀교육의 실패라는 허무한 슬픔, 경제도 제대로 지키지 못한다는 무능함, 세상의 가치를 철저히 따라간 신앙적 실패감과 나의 인생에는 아무런 열매가 없다는 생각에 나의 마음 깊은 곳엔 슬픔만이 나를 짓눌렀다.

2000년 초에 북경에서 같이 새벽기도를 갔던 한 엄마를 다시 만나니 그녀는 많은 신앙적 성장을 하였고 나의 구역장이 되었는데 그녀의 건강한 모습을 보며 '난 그동안 무엇을 하며 살았나?'라는 자조감도 들었다. 세월이 많이 흘렀지만 나는 저 멀리 떨어져 하나님께 이제 보이지도 않는 존재가 되어버렸다는 생각에 흐르는 눈물이 뺨을 적셨다.

5

식탁에 성경을 펼치다

북경 리도 아파트에 도착한 한국의 이삿짐을 정리한 후 거의 1년 동안 사람들을 만나는 것을 피했다. 구역예배 드리는 것 이외에는 남편이 출근한 후 곧 식탁에 앉아 성경책을 펼치고 오후 다섯 시까지 종일 앉아 정독하기 시작했는데 여기엔 하나님께서 주시는 강한 메시지가 있었다.

'신앙생활 20년이 지나도록 너는 제대로 나에 대해 무엇을 알려고 했느냐? 성경을 알려고 노력을 했느냐? 나를 만난다는 것은 성경을 통해서다.'라는 강력한 말씀을 새벽예배를 통해 계속 주셨기 때문이다. 평생 성경 정독을 제대로 안 했으니 차마 고개를 들 수가 없었다. 하나님과 동행한다는 것은 중간이 없다. 하나님을 믿는다는 것은 회색지대가 없다는 뜻이다. 하나님 안에 거하든지 세상 밖으로 나가든지! 양다리를 걸치는 것은 세상 밖에 있는 것보다 더 큰 죄인 것이다.

한국에 두고 온 아들의 걱정도, 해결하지 못하고 온 경제에 대한 압박감도 모두 하나님 앞에 내려놓기로 했다. 그러자 성령님께서는 나의 눈을 밝혀 주사 그렇게 읽히지 않았던 성경책의 글자를 새롭게 보여 주셨고 지겨움 없이 4~5개월 만에 단 한 번의 정독을 마치도록 인도하셨다. 성경을 읽을 때 그 기쁨을 말로 표현할 수 없었다. 창세기를 읽을 땐 하나님께서 어떤 마음으로 이 세상을 창조하셨는지 그분의 측량할 수 없는 사랑과 경륜이 느껴지고 민수기와 신명기를 읽을 땐 마치 내 앞에서 광야를 걸어가는 이스라엘 백성들의 모습이 펼쳐지고 꼭 금방이라도 들리는 듯 하나님의 이스라엘 백성을 향한 말씀이 귀에 쟁쟁했다.

특히 하나님의 말씀이 직접 표출된 신명기가 너무나 감동이 왔다. 두 번째 정독부터는 속도도 나고, 말씀을 읽다가 감동이 넘쳐 멈추는 글에 줄을 긋고 깊은 묵상에 들어갔다. 거의 1년이 가기까지 5번의 정독을 허락하셨는데 이때 주신 은혜로 지금도 버티며 살아가고 있다. 지금까지 나의 삶에서 가장 평안하고 행복했던 것을 꼽으라면 지금 성경동화를 출간해서 기쁜 것보다 그때 하나님과 동행하며 성경책을 보았던 그 시기였다는 생각이 든다.

6

이스라엘로 인도하시다

성경을 정독하며 지냈던 은혜로운 2009년이 지나고 2010년 6월이
되자 나는 우리 구역장의 지인들이 모여 같은 팀으로 가게 된 이스라
엘 여행팀에 같이 참여하기로 했다. 대부분 한국에 계신 목사님들과
선교사님 그리고 영성이 뛰어난 권사님 장로님들이 참여하기로 한 팀
이었다.

원래는 중국에서 근무했던 모 대사님도 참여하기로 했는데 일명
별명이 3조 원 장로님(실제 3조 원의 경제를 움직인다고 한다. 대사님은 이분
이 물질 불리기밖에 모른다고 하여 싫어하셨다.)이 가신다고 하니 본인은 빠
지겠다고 해 그분의 간증을 꼭 듣고 싶었는데 그 기회는 오지 않았
다. 이스라엘에 도착한 후 첫날부터 들었던 느낌은 이곳이 전혀 낯설
지 않고 꼭 우리나라의 지방풍경을 보는듯한 친숙함이었다.

갈릴리 호수, 사해바다, 황금성전, 통곡의 벽, 다윗성전, 팔복교회, 승천교회, 골고다 언덕 등 많은 곳을 가보았는데 내게 가장 인상적인 곳은 사해사본이 발견된 쿰란 언덕이었다. 일명 쿰란 사본으로 유명한 곳이라 많은 관광객이 오는 곳이었는데 주변 환경은 건조하고 척박한 사막과 같은 광야였다.

이곳이 발견된 계기는 좀 특별한 이야기가 있다고 한다. 마을의 어린 양치기 소년이 양을 찾으려 우연히 이곳에 돌멩이를 던졌는데 소리가 예사롭지 않아 와서 보니 한 동굴이 있었다고 한다. 이 동굴에서 발견되어 나왔다는 사해사본 이야기를 안내하는 선교사님께 들으니 정말 신기하였다.

옛날 에세네파 사람들이 집단 공동체 생활을 하면서 이 두루마기를 기록할 때 하나님의 '엘'이라는 글자를 쓸 때는 꼭 하루 몇 번이라도 손을 씻고 거룩한 마음으로 기록했다고 한다. 한편으로 보면 지나친 율법주의에 매여 있었지만, 하나님은 그분들의 하나님을 향한 경외심과 순수한 사모함도 들어서 쓰시지 않았을까 싶다.

지금의 시각으로 그분들의 생활이 잘한 일이다 못하다 떠나서 그분들의 하나님을 향한 순수한 믿음이 정말 아름답게 느껴졌다. 거룩함이란 거룩한 행위를 해서가 아니라 '하나님을 향한 마음 그 자체에서 먼저 나오는 것이다'라는 생각이 들었다.

우리는 주변의 광야로 가게 되었는데 햇볕 때문에 단 5분도 서 있을 수 없는 이곳에서 성경에 그렇게 많이 나왔던 이스라엘 백성들의 가졌던 원망을 다소 이해할 수가 있었다. 우리들은 그들보다 더 못했으면 못했지 더 잘했을 것 같지 않았다. 구름 기둥과 불기둥이 있어야 이동할 수 있는 곳! 우리 인생도 이 광야처럼 하나님의 인도 없이는 갈 수가 없는 것이다.

마지막 날 저녁에 여성 목사님이 예배를 인도하시고 한 사람 한 사람 기도를 해 주셨는데 그분은 나의 머리를 짚으신 후에 마지막으로 남아있으라고 하시며 더 이야기하겠다고 하셨다. 기다리는 동안 그 이유가 몹시 궁금했었다. 예배 후 모든 사람이 다 숙소로 돌아가자 목사님은 나에게 "막힌 것이 있지 않아요? 이 벽을 넘지 못하면 하나님께 갈 수가 없어요!"라며 먼저 물으시는 것이 아닌가! 하는 수 없이 나의 현재의 영적 상황을 그대로 말할 수밖에 없었다. 예수님의 부활과 예수님의 하나님 되심에 대한 확신을 가지지 못하는 나의 미지근한 믿음 상태를 솔직하게 고백하였다.

목사님은 축도해 주신 후 "집사님! 특별한 부르심이 있는 것 아시죠?"라고 말씀하셨고 순간 나는 '교직에 다니는 것 자체가 부르심이 아닐까?'라는 생각에 "네!"라고 단순히 대답해 버렸다. 그런데 2015년에 이르러서야 이 특별한 부르심이 '성경동화를 만드는 일'이라는 것을 깨달았다. 사람은 하나님의 인도하시는 시계를 전혀 예측할 수가 없다.

7

주기도문 찬송에
임재하신 하나님

그해 2010년 가을에는 나에게는 놀라운 두 가지 일이 있었다. 어느 새벽 예배 시간에 미국 아이합에서 오신 한 선교사님이 '우리는 어디로 갈 것인가?'라는 설교말씀을 해 주셨다. 우리의 남은 인생을 이제 하나님 앞에서 어떻게 할 것인가? 라는 감동적인 설교를 하셨다. 그 순간 '아! 하나님께서 지금 나에게 묻고 있는 거구나!'라는 영감이 와서 와락 눈물이 나왔는데 너무나 눈물이 펑펑 쏟아져 얼굴을 드러낼 수가 없었다. 집으로 돌아올 때 입은 겉옷을 푹 둘러쓰고 얼굴을 가린 채로 겨우 집으로 왔다. 그 후에도 1시간 내내 눈물이 하염없이 나와서 집에서도 계속 울었는데 '하나님! 이제 하나님과 영원히 동행하고 싶어요!'라는 고백을 하며 그 흐느낌을 종일 껴안고 방에 틀어박혀 누워있었다.

이때부터 멀지 않은 어느 날, 주말이었던 것 같다. 남편이 한국에서 평소에 알던 출장자가 오는데 북경 근처의 한 마을을 미리 탐방하겠다며 같이 가자고 한다. 이 마을은 몇백 년 전 외적의 침략을 피하고자 한 소수족속이 북경 외곽 깊고 깊은 산속에 잘 보이지 않는 곳에 방어용 집을 지으면서 생성되었다고 한다.

중국 사람들도 잘 몰라 아는 사람만 가는 곳이고 문화적 가치가 있는 마을이라 한다. 우리 부부는 편한 마음으로 이곳을 향해 출발했다. 북경을 빠져나온 후 2시간 정도 지나자 보기 드문 꼬불꼬불한 길이 나왔고 높지는 않지만, 굽이굽이 작은 산들이 펼쳐진 첩첩산중의 풍경이 퍽 인상적이었다. 가도 가도 평지만 있고 산이나 언덕이 별로 없던 중국 북경의 외곽근교에서는 잘 볼 수 없는 특이한 풍경이었다.

이때 남편은 어느 한국 출장자에게서 받은 CD를 켰는데 찬송곡이 실린 음반이었다. 첫 곡이 '주기도문'이었는데 남자 바리톤 성우가 부른 '하늘에 계신 우리 아버지여 이름이 거룩히 여김을 받으시오며~'라는 노래가 나직이 흘러나왔다. 그런데 노래가 나오는 순간 나의 온몸은 떨리고 저 깊은 곳에서 나의 영혼이 흐느끼기 시작했다. 긴 눈물이 하염없이 나오며 전능하신 하나님의 동행하심이 표현할 수 없는 감동의 임재로 나의 온몸을 휘감았다. 하나님의 위대하심을 그 무엇으로 표현할 수가 없었다.

눈물을 남편에게 들키기가 민망해 모자를 푹 쓰고 도착할 때까지 눈물은 멈추지 않았다. 여태껏 몰라봤던 하나님의 사랑과 은혜를 어떻게 말로 표현할 수가 있을까?

　이 두 가지 사건은 귀국 후 나의 진로에 대한 예정표가 되었고 귀국하러 돌아오는 길엔 마음을 가다듬고 앞으로의 인생을 정말 예전처럼 살지 않으리라 결심하여 비행기에 올랐다.

8

하나님이 예비하신
예상하지 못한 멘토

북경 21세기 교회에 다닐 때 《어! 성경이 읽어지네!》 책의 저자인 사모님이 오셔서 열정적인 강의를 해 주셨다. 그때 만약 귀국해서 교회를 옮기게 되면 그분이 다니시는 교회로 가야 하겠다는 생각을 했고 귀국 후 하나님의 인도하심은 정말 그대로 이루어졌다. 그런데 우리 부부를 기다린 멘토는 뜻밖의 다른 분이셨다.

그분은 바로 한정일 목사님이셨는데 지금은 최근 신학교를 졸업 후 목사 안수식을 받고 개척교회를 목양하시는 목사님이 되셨지만, 그 당시는 우리처럼 평신도였다. 대학 시절부터 선교단체에서 훈련을 받았던 분이라 신앙적인 토대가 일반 여느 목사님보다 훨씬 경륜이 깊으셨다. 남편이 큐티 공부를 하면 좋을 것 같아 같이 신청했는데 우리를 포함한 교인 6명이 함께 한정일 목사님이 인도하는 성경큐티 공부에 참여했다.

'아브라함이 받은 복이 무엇인가?'라는 논제부터 들어가 진정한 복의 뜻을 설명해 주셨는데 적잖은 큰 충격을 받았다. 여태까지 들은 '복'에 대한 관념을 깨트리고 하나님의 복에 대한 진정한 의미를 깨달았기 때문이다. 3년간의 이 큐티 공부는 남편의 긴 신앙적 수면 상황을 끝내고 그 덤덤했던 사람이 하나님을 향해 눈물까지 흘리며 고백을 하게 하였다. 지금도 교회는 다르지만 한 목사님의 큐티 공부에는 계속 참여하고 있다.

또 하나의 만남은 지금 성경동화 글을 쓰신 오정세 목사님의 교회사 강의이다. (그때는 청소년부 전도사임) 우리 부부는 원래 《어! 성경이 읽어지네!》 강의를 들으려 했는데 인원 상황이 다음에 들어야 할 것 같아 다른 한 강좌인 '교회사'를 신청했다.

이 교회사는 거의 1년 반 동안 초대 교회사부터 현대 교회사까지 나누어 듣게 되었는데 신학생이 듣는 강의보다 더 자세한 내용이었고 해박하고 학문의 경륜이 깊은 젊은 전도사님의 강의는 우리가 몰랐던 많은 부분을 일깨워주었다.

초대 교회사에서는 이단 교리에 대한 근원적인 문제점을 알게 되었는데 사실 이 문제는 지금도 진행 중이라 정말 중요한 부분이었다. 내가 그토록 학창시절에 의문을 가졌던 가톨릭 교리에 대한 불만들이 왜 이해가 안 갔었는지 중세교회사에서 뼈저리게 깨달았다. 이 문제는 자라나는 아이들에게 특히 개신교에서 어떻게 교리공부를 시켜야 하는지에 대한 방향도 느낄 수가 있었다. 특히 현대 교회사에서는 지금 우리 한국교회가 처한 문제점의 원인이 어디서부터 시작되었는지! 한국교회가 정체된 많은 원인 중 가장 큰 원인 중의 하나가 침체한 다음 세대 양육이라는 것을 알게 되었다. 또 앞으로 하나님의 다음 세대를 향한 방향은 어디로 향하시는지에 대한 이정표를 세울 수 있는 계기가 되었다. 성경동화를 만들고 싶다는 생각을 하게 된 것은 바로 이 시점이었는데 강의가 마무리에 접어들었을 때 나의 마음엔 이분이 성경동화를 써 주실 분이다! 라는 확신이 들었다.

그런데 이즈음 어느 날 구약 성경동화를 만들어야겠다는 생각을 하면서 차를 운전하고 돌아가는 중에 갑자기 짧은 10여 분 동안 나의 머릿속에 순간적으로 구약동화 제목들이 일일이 나열되듯 스쳐갔다. 난 너무도 신기해 집에 오자마자 거침없이 그 제목들을 써 내려갔고 오목사님께 문자로 보내드렸는데 나중에 온 목사님의 회신은 '집사님! 중요한 항목은 거의 다 들어간 것 같아요!'라는 답장으로 왔다. 그 많은 제목이 사실 10분 동안 스쳐 간다는 것은 나의 성경적 지식으로는 불가능한 걸 알기 때문에 이때 하나님이 주신 굳은 확신을 더 가질 수 있었다.

나는 조심스러운 마음으로 오목사님께 넌지시 성경동화 원고의뢰를 하게 되었다. 오목사님은 처음엔 기도를 해보시겠다며 조용히 3개월을 긴 침묵을 하셨고 결국 하나님께 순종하는 마음으로 성경동화 집필을 하시겠다며 드디어 원고를 쓰기 시작하셨다.

EPISODE

5

출판의 시작

1
뜻하지 않은 출판의 시작

　2011년 1월 귀국 후 그해 가을에 언니에게 다급한 요청이 왔다.

　언니의 출판 사업은 2005년 이후로 급속히 일이 안 풀려 사실상 출판은 접게 되었고 지인들에게 빌린 돈도 지급하지 못하게 되었다. 그 당시 언니는 다른 출판사의 책을 인쇄하여 유통까지 대행했었는데 중간에 여러 사정으로 인해 상대방 출판사에 돈을 지급하지 못하게 되자 상대방 사장님은 경제적 제재를 가하게 되었고 언니는 경제가 기운 상황에서 부도 위기까지 맞이하게 되었다.

　이때 언니로 부터 같이 만나자는 다급한 전화가 와서 언니 사무실로 급히 가게 되었다. 언니는 눈물을 뚝뚝 흘리며 2005년도에 만든 명작동화 필름을 우리가 인수해 주기를 부탁했다. 그동안 빌려가서 못 갚은 금액에다 기천 만 원을 더 올려서 인수해 주면 이 위기를 조금 벗어날 수 있겠다고 제안을 했다.

상황을 보니 어차피 언니에게 돈을 받는 것은 불가능해 보였다. 그런데 이 상황을 간과하면 또 언니의 마지막 사업장인 사무실도 경매에 넘어가 언니는 정말 재기 불가능한 상태로 갈 게 뻔했다. 남편에게는 여태껏 언니와의 돈 문제로 미안함이 정말 컸었는데 또 이 문제까지 언급하려 하니 미안함이 이루 말할 수 없었다. 남편을 설득하여 언니한테 명작 필름을 인수했고 덕분에 언니는 당장 급한 불을 끌 수 있었다. 그런데 언니는 다시 우리 부부에게 이미 경매로 넘어간 사무실을 대신 우리가 경매로 받아주면 나중에 상황이 될 때 자신이 다시 받겠다고 부탁을 했다. 이일도 역시 남편에게 양해를 구해 급히 대출을 받은 후 이 사무실을 우리가 대신 경매받아 언니의 불같이 위급한 상황들을 하나씩 껐다.

그런데 문제는 우리가 명작 필름을 인수했지만 정작 이것을 어디에 써야 하는지 난감했다. 이 시기가 마침 오정세 목사님의 교회사를 듣는 시기였는데 이때 성경동화를 만들어야겠다는 생각을 가지게 되었다. 또 예상치 못하게 언니한테 명작 판권을 사게 되었지만, 결코 우연이 아니라는 생각이 들었고 이 명작동화를 출간해서 그 이익 분으로 성경동화를 만들어야겠다는 결심도 새롭게 하게 되었다.

하나님께서는 나에게 왜 뜬금없이 명작 필름을 인수하게 하셨을까? 라는 물음을 종종 가지게 되었는데 기도할 때 주시는 마음은 성경동화를 향한 밑거름이 될 수 있다는 강한 비전을 주셨다. 성경동화는 사실 언니가 예전에 만들고 싶어 했지만, 그 당시 언니의 교만함 때문에 하나님께서 확 꺾으신 것을 지켜본 나로서는 다소 미련이 남아있었다.

언니는 내가 명작을 다시 재편집해서 출간한다면 도와주겠다고 약속했고 곧 아르바이트생을 고용해 6개월의 시간을 들여 명작동화를 재편집하게 되었는데 일명 '리뉴얼'편집을 하게 된 것이다.

2
너무나
다른 편집의 방향

정말 꿈에도 생각하지 못한 일로 명작 필름을 인수했고 출판이란 생소한 세계에 발을 딛게 된 일은 아무리 생각해도 알 수도 없고 이해도 잘 안 가는 상황들이었다. 그러나 내 앞에 이제 명작동화가 주어졌고 이것을 다시 편집해야 하는 상황은 현실이 되어 버렸다. 그후 6개월 동안 언니와 함께 명작동화 재편집을 하는 과정에서 많은 문제점이 드러났다.

언니는 재편집 지휘과정에서 원화 그림에다 여러 포토샵 작업을 가미해 분위기를 확 바꾸기를 원했지만, 나의 입장은 원화에 사용한 재료의 질감과 어울리지 않는 재편집은 미술적으로 어울리지 않는다고 결론을 내렸다. 워낙 언니의 고집이 세서 두 명의 어린 대학생들은 내가 있을 때는 나의 지시대로 하다가 언니가 강하게 요구하면 또 언니의 방향대로 포토샵 변형작업을 해 막상 명작동화가 인쇄되어 나왔을 땐 내가 모르는 원화그림의 변화부분도 상당히 많았다.

명작동화 편집과정이 진행되는 동안 우린 오목사님이 정하신 구약 제목대로 성경동화 제작 준비를 했고 순차적으로 나온 원고 일부는 작가들을 일부 섭외해서 그림 발주를 시작하였다. 명작동화 재편집이 진행되는 동안 성경동화 제작 결정도 같이 병행된 것이다.

우리는 다른 출판사들처럼 많은 넉넉한 화료를 줄 수 없었기 때문에 작가 섭외에 많은 애를 먹었다. 나중에는 전화해서 거절당하느니 차라리 사무실에서 작가분을 직접 만나 설득하는 편이 낫다고 생각해 화가 선생님들을 사무실에서 만나게 부탁을 드렸다.

드디어 7개월 지난 후 명작동화가 출판되었지만 정작 판매는 원활하지 않았다. 언니는 명작 편집에 대한 조카의 수고가 많았기에 조카가 일한 것에 대한 월급을 정식으로 요청했는데 한 달 400만 원이 나가게 되자 이 상황은 남편을 무척 힘들게 하였다. 명작동화가 잘 안 팔리는 상황에서 이 돈은 큰 부담이었다.

또 아르바이트했던 학생들은 일 작업이 너무나 많아지자 그만두고 싶어 했는데 그들에겐 편집의 방향이 다른 언니와 나의 견해차도 스트레스를 많이 준 것이었다. 어느 날 아르바이트를 하던 학생들이 한 날 입을 맞춘 듯 모두 아침에 문자를 주며 출근을 하지 않았는데 이 사건은 언니와 나의 사무실 운영에 대한 결단을 내리는 전환점이 되었다. 작업하는 사람이 리더의 방향을 따라와 주지 않고 사무실 분위기를 끌고 갈 수 없다면 난 이 팀과 같이 편집하기가 쉽지 않다고 판단한 것이다.

학생들에게는 사무실 운영의 문제로 잠시 편집을 쉬겠다고 통보하고 정말 우리는 임시로 사무실을 쉬게 되었다. 이때 난 잠시 사무실 운영을 멈추기로 하고 숨을 고르고 있었다. 얼마 전 언니는 경매에 넘어간 언니 사무실을 1/2 면적만 먼저 우리가 받도록 하였는데 그 후 나머지 1/2 면적을 다시 경매로 더 받으려고 많은 노력을 하였다. 그런데 막상 경매로 나온 언니 사무실의 마지막 면적 지분을 학원을 운영하는 어떤 아주머니가 몰래 경매를 받고 들어오려 하였다.

사실 법적으로는 그분이 잘못했다고는 볼 수 없다. 그러나 아무리 법적으로 문제가 없을지라도 현재 사용하고 있는 분에게 말이라도 해 주는 것이 맞는다고 보았다. 이 사건에 대한 언니의 반발은 심해졌고 이후 언니의 모든 관심은 책보다는 그분과의 다툼과 분쟁에 휩쓸리게 되었다.

사무실 문을 일부 폐쇄하여 그분이 들어오지 못하게 했는데 아주머니의 성격도 만만치 않아 새벽에 기습적으로 사무실에 들어와 벽을 막아 버리는 등 두 분 사이의 갈등은 고조되었다. 언성이 높아지고 그분과의 싸움도 잦아지자 그 상황을 눈과 귀로 보게 된 나의 마음은 착잡하기가 말할 수 없었다.

이 싸움과 분쟁의 상황에서는 그 무엇도 잘 편집될 수가 없었다.

3
분별하고 정리하고
결단해야 한다

이때는 구약동화 그림이 1/3 정도 발주되었을 시기였다. 이제 정말 어떤 선택을 하여야 하는지에 대한 분별이 필요했다. 여태껏 언니가 명작을 같이 편집하면서 나에게 그림편집 과정을 보여주었다면 이젠 이 다툼과 분쟁의 장소에서 독립해 홀로 편집을 해야 한다는 절박감이 몰려왔다.

또 조카에게 지급되는 월급도 우리가 감당하기 힘들었다. 여태껏 제작을 도와준 조카가 고마웠지만, 책은 팔리지 않는데 경제는 계속 마이너스 지출과 대출이 늘어났기 때문이다.

남편 또한 끝없이 들어가는 지출을 더 감당하기가 어려워 성경동화 재정 지급 중단을 선포했다. 남편의 말을 듣고 눈앞이 깜깜하고 가슴이 암담해지며 마음이 내려앉는 듯 무거웠다. 경제지원이 끊겼으

니 이제 결단을 해야 하는 것이다,

지금은 멈출 때인 것이었다. 언니에게 사무실을 독립해야겠다는 통보를 했고 언니는 그럼 알아서 하라는 냉랭한 말을 이어갔다. 언니 입장에서는 돈을 주기 싫어 독립한다는 생각을 할 수도 있는 상황이었다. 나의 성격상 돈 마련이 얼마나 힘든지를 언니에게 자세히 구구절절이 말할 수가 없었다.

동생이 얼마나 경제난에 허덕이는지를 잘 파악하지 못한 언니는 사실상 둘이 돈을 버니까 괜찮겠지! 라는 막연한 생각을 하였으리라. 그러나 명작동화 필름을 사면서 생긴 지출과 언니 사무실 경매 대출까지 받게 되자 남편의 대출비용은 몇억 대로 되었고 이런 경제적 상황은 성경동화 제작을 더 할 수 없도록 만들었다.

남편이 그만 두 손을 들고 나니 이제 성경동화 제작은 정말 완전 정지가 된 것이다. 사실 사무실 독립의 가장 큰 원인 중에는 언니에게 말하지 못한 나만의 고민도 더 있었다. 대학생들을 데리고 하는 편집이었기 때문에 편집방향 주체는 나와 언니가 끌고 갔지만, 학생들에게는 내가 명작동화 진행의 주체라고 말하고 싶지 않았다. 언니의 표면적 위치를 세워주고 싶었기 때문이다. 학생들이 일이 힘들어지자 그만두고 싶어 하기도 하고 잠시 근무태도가 해이해지기도 했는데 언니는 그들을 제어할 수 있는 것은 나의 역량으로는 힘들고 언니 자신만이 할 수 있다고 은근한 표현을 하였다. 학생들이 나를 너무나 어려워하고 있다는 것이다. 또 나의 편집방향이 밋밋하고 촌스럽다고 생각해 더 자극적인 포토샵의 리뉴얼을 더욱 주문했다.

'언니가 아주머니와 저렇게 싸움에 가까운 분쟁이 일어나는데 성경동화 편집을 평안한 마음으로 마칠 수 있을까?'

'내가 편집하는 이들을 리드하지 못한다면 이 사무실을 어떻게 끌고 가며 또 원하는 성경동화 편집 방향으로 마무리를 제대로 할 수 있을까?'라는 깊은 고민과 회의가 밀려왔다.

곧 언니에게 말해 학생들의 아르바이트를 정리시키자 한 달간 사무실은 빈자리로 덩그러니 남게 되었다. 그런데 이 시기에 친분이 있었던 L목사님이 잠시 본인이 머무를 오피스텔을 같이 찾아보게 되었는데 문득 이곳에서 사무실을 얻어 독립하면 좋겠다는 생각을 하게 되었고 곧 결심하게 되었다.

편집을 언니에게 의지하지 않고 이제 혼자가 되어 헤쳐 나가야 한다고 생각한 것이다. 남편에게 아무 말도 하지 않고 이모저모로 돈을 1000만 원을 마련해 암사동에 오피스텔 사무실을 하나 얻게 되었다. 한 달 동안 이 사무실로 혼자 오고 가며 깊은 시름을 삼키고 있었다. 기도를 하며 이 정지된 상황에 대해 하나님의 다음 음성을 기다려야 했다.

4

남편의 눈물

모든 성경동화 진행은 정지되었고 빈 사무실에 혼자 나가는 시간이 한 달이 넘는 어느 날, 남편은 나를 거실로 부르더니 조용히 이렇게 고백을 하였다.

"여보. 내가 죽을 때 돈을 들고 하나님 앞에 갈 것도 아니고! 내 퇴직금을 먼저 하나님께 드린다고 생각하기로 했어! 의미 있는 일에 쓰고 싶어!"라며 구약동화를 마저 완성하라는 것이다.

세상에! 항상 이성적이고 합리적인 사람에게서 저런 고백이 나올 줄이야! 남편은 새벽기도에서 하나님이 이런 마음을 주셨다고 한다. 이후로 남편과 함께 새벽기도를 가끔 같이하게 되었는데 그때마다 소리 없이 흐느끼고 훌쩍이며 우는 남편의 소리를 들으며 나의 마음은 복잡했다.

한편으로는 '하나님이 이제 이 사람의 가슴을 여셨구나!'라는 생각이 들었다. 또 얼마나 경제적 압박과 무거움에 지치고 힘이 들었을까? 아무리 목표가 좋아도 이 사람이 이렇게 힘든데! 과연 지금 내가 하는 일은 옳은 것인가? 라는 생각에 정답이 없는 고민과 한숨이 나의 마음을 짓눌렀다.

남편의 얼굴은 자주 지쳐 보였고 상념이 많은 표정이 보이면 나 또한 그대로 마음이 침잠해졌다. 그러나 이 시기에 남편은 하나님을 향한 믿음의 성장이 놀랍도록 이루어졌다. 하나님께서 고난을 통해 남편의 가슴을 두드리고 은혜의 빗물을 내리신 것이다.

이때 우리 경제는 대출이 상한선을 넘었기 때문에 구약인쇄가 끝날 즈음에 지금 전세로 사는 집주인에게 부탁해 거의 2억을 월세로 전환하게 되었다. 또 전세금이 올라가니 이 올라간 금액도 월세로 전환할 수밖에 없었는데 이자가 거의 백만 원대 중반으로까지 되어 버렸다. 남편은 원래 받았던 신용대출에 대한 이자와 월세 이자까지 합쳐 기백 만 원의 많은 이자 부담을 가지게 되었다.

이 부분이 가장 내가 지혜롭지 못한 부분이었고 지금까지도 정답이 안 나오는 경제적 상황이었다.

5

하나님이 인도하신
위로자이신 멘토!

남편의 구약동화 제작 허락이 떨어진 후 드디어 암사동 사무실이 정상적으로 열리게 되었다. 크리스천 직원들이 새로 두 명 영입되었을 즈음 어느 날 원고를 감여해 주신 L목사님을 만나기 위해 지금 다니는 열린비전교회로 가게 되었다.

그때 예배시간에 보기 드문 장면을 보게 되었는데 시골 작은 교회로 파송 받아서 가는 성도들에게 담임목사님이 기도해 주시는 파송식이 진행되고 있었다. 작은 교회로 가시는 성도님들에게 소명의 말씀을 하시며 목사님과 장로님 그리고 전 교인이 한마음으로 축복기도를 하였다. 또 주변의 교회와 기타 여러 작은 교회와 연합하여 가는 '미션투게더'라는 용어도 무척 감동적이고 인상적이었다.

이 교회는 건물을 소유하는 것을 선택하지 않고 좀 더 불편한 교회생활을 감당하기로 한 담임목사님의 방침대로 하나님 일에만 오직 시선을 모으고 가려는 확고한 방향이 있었다. 예배 후 L목사님은 담임목사님께 우리 부부를 인사시키며 소개를 해 주었다. 그런데 뜻하지 않게 이 자리에서 L목사님은 담임목사님께 한 가지 부탁을 하셨다.

우리가 정말 열악한 상황에서 주의 일인 성경동화책을 만들고 있으니 담임목사님께서 한 달에 한 번 정도 우리 사무실에 오셔서 예배를 드려 주셨으면 바란다는 내용이었다. 담임목사님은 환한 미소를 지으시며 "주의 일인데 종이 가야지요!"라면서 귀찮은 표정이 아닌 너무나 진심 어린 마음으로 허락하시는 것이 아닌가! 나는 그 부탁의 내용보다 우리가 담임목사님이 처음 보는 성도인데다 이 교회에도 다니지도 않는 상황에서 이렇게 어려운 부탁을 단숨에 승낙하신 담임목사님의 신실함 때문에 깜짝 놀랐다.

그 이후로 열린비전교회 이유환 담임목사님은 거의 1년간을 한 달에 한 번씩 사무실에 오셔서 하나님의 생생하신 말씀을 전해 주시며 힘들고 지친 우리에게 단비와 같은 위로와 조언, 그리고 마음을 비워야 하는 것들에 대해 의미 있는 방향을 가르쳐 주셨다.

특히 문서 사역에 대한 소중함을 너무나 잘 이해하셔서 이 일에 대한 소중한 의미를 잘 깨닫게 해주셨다. 어떤 목사님이 생전 처음 보는 성도의 부탁을 이렇게 신실하게 지켜주실까? 훗날 어느 기회에 나는 담임목사님께 그때 처음 보는 성도에게 선뜻 예배방문을 허락하신 이유를 물었더니 목사님께서는 "아! 하나님께서 감동을 주셨지요.

만약 이곳이 큰 출판사이었다면 오지 않았을 거예요. 아주 작은 곳이라 하나님께서 이 종을 보내신 것이지요! 하하하!"라고 말씀하시는 것이 아닌가! 목사님의 이 말씀은 앞으로 내가 지향하고 나아가야 할 이 성경동화 사역의 방향을 제시해 주는 전등이 되었다. 1년 후 남편과 나는 하나님 인도하심의 확신을 가지고 이 교회로 믿음의 터전을 새로이 마련하게 되었다.

6

스스로 혼자 판단을
해야 하는 외로움

　오피스텔 사무실을 구하도록 협력해 주신 L목사님 소개로 두 크리스천 직원을 채용하게 되었다. 그중 한 분은 큰 기독 출판사에서 10년 이상 근무하셨다고 해서 나름대로 기대가 컸고 다시 새롭게 시작을 하고 싶었다.

　그런데 두 달이 지나면서 심각한 문제들이 드러났다. 일단 이 두 분은 기대보다 포토샵 프로그램에 능숙하지 못했다. 낱권 편집과 달리 성경동화는 그림 동화책이라 원화를 많이 다듬고 보완해야 하는데 시간 대비 너무나 효율성이 없었다. 이런 판단을 내린 것은 내가 지난 1년간 명작동화를 리뉴얼할 때 구체적인 지시를 내리면 성실히 일했던 두 대학생과 너무 대조되었기 때문이다. 두 대학생은 최대한 마무리를 잘 했고 또 자습에 가까운 많은 연습과 노력을 하여 나중엔 포토샵 실력이 상당한 수준에 이르렀고 명작동화까지 그 열매를 내어놓았기 때문에 너무나 상황이 비교되었다.

두 명의 아르바이트 대학생은 교회를 다니지 않았던 자매들이었지만 순수하고 성실했다. 채용한 크리스천 직원들에게 어떤 사항을 제시하면 자신들의 생각이 너무나 강했다. 내 생각이 틀렸다 해도 일단 따라오고 난 후 그 결과가 나중에 아니다 싶으면 다른 의견을 건의해도 되련만 전혀 그렇게 하지 못했다.

어떻게 해야 하는가? 실력도 만족스럽지 않고 근무태도도 기대치에 못 미치니 인맥적인 관계 때문에 견뎌야 하나? 그러나 단호히 정리해야 한다고 판단했다. 이 속도면 2년이 지나도 책이 완성되기란 어려워 보였다. 양해를 구하고 두 직원을 다시 돌려보내고 다시 사무실에서 혼자 한 달을 보내게 되었다. 전문직이란 무엇일까? 근무한 연수가 중요한 것이 아니라 얼마만큼 집중력을 가지고 성의있게 꼼꼼히 마무리하는 사람이 전문가라고 생각했다.

두 직원이 떠나고 두 달 정도를 더 혼자 사무실에서 글을 다듬고 있을 때 문득 명작을 같이 편집했던 두 대학생이 떠올랐다. 이 작업을 같이할 사람은 이방인이었던 그녀들밖에는 없다고 판단된 것이다. 결국, 하나님은 믿지 않는 이 자매들을 들어 쓰셨다. 믿는 자가 그 역할을 못 할 때는 하나님께서는 이방인도 부르시는 것을 성경동화를 만들며 많이 보아왔다.

'아! 나는 정말 리더의 자격이 있는 성향이 아닌데! 왜 이렇게 결단할 상황들이 많은 것인가? 과연 나는 이런 일을 할 자격과 능력이 있는 걸까?' 항상 스스로 묻는 문제였다. 이럴 때마다 스산한 외로움이 밀려왔다.

두 대학생 자매에게 전화해서 다시 만나니 감회가 새로웠다. 두 사람은 언니 사무실에서 명작을 편집할 때 언니가 명작진행의 주체였고 옆에서 미술적인 지시를 내린 나는 도와주는 사람으로만 알았다고 하며 깜짝 놀라워했다.

내 생각에는 비록 내가 명작을 편집하려는 주체지만 선장은 1명이어야 맞고 내가 주인입네! 하고 나서는 것은 언니에 대한 예절이 아니라고 판단해 2인자로 행동하며 두 자매에게는 표시를 전혀 내지 않았다. 두 자매는 그동안의 이야기를 들으며 '저희는 큰 실장님이 주인이고 실장님은 그냥 도와주는 사람인 줄 알았어요!'하며 새삼 당황하기도 했다.

지난 명작동화 재편집은 최종 파일이 '쿼크'라는 프로그램을 사용했지만 성경동화는 최근 많이 사용하는 '인디자인'프로그램을 이용하기로 했다. 사실 두 자매는 이 프로그램을 잘 알지는 못했지만 스스로 자습을 해서 배워가며 편집을 했으니 정말 대견하였고 하나님이 예비하셔서 명작동화로 미리 연단을 받은 미래의 하나님 자녀였던 것이다.

7

갈라진 형제

언니 사무실에서 독립할 때 조카에게 주는 월급을 400만 원에서 200만 원으로 줄이게 되었다. 나의 사정상 400만 원은 무리였기 때문이다. 명작동화가 전혀 팔리지 않는데 월급은 꼬박꼬박 나가니 운영이 너무 힘들었다. 조카 입장에서는 거의 본인 일도 잘 하지 못하고 우리 일을 많이 주도적으로 도와주었는데 월급이 줄어드니 속상하고 우리에게 섭섭한 것은 당연했다.

그런데 나의 속마음에서는 이러한 섭섭함이 나름 있었다. 언니가 2003년부터 빌린 돈에 대한 이자가 제때 지급되지 않아 나의 돈으로 이자를 갚을 때가 많았고 엄청 마음고생을 해온 나로서는 조카의 협조가 당연하다는 마음이 있었던 것 같다. 더구나 명작 필름까지 사서 언니가 일단 사무실 부도 위기를 벗어났고 또다시 대출을 받아 사무실 경매까지 받았으니 이 정도 협조는 당연한 답례라고 마음을 먹은 것이리라.

여기에 암사동 사무실에 새로운 두 크리스천 직원을 영입했으니 그분들의 월급도 나에게는 만만치 않아 도저히 조카에게 200만 원의 월급을 병행한다는 것이 힘들었다.

조카에게 사정을 간단히 말하고 월급을 100만 원으로 해주면 어떠냐고 말했더니 조카는 단호하게 '이모! 그러면 저희도 이 일 때문에 많은 시간과 노력이 드니 그냥 그만두는 것이 좋겠어요!'라고 말하는 것이 아닌가! 나의 사정을 구구절절이 말하기도 어렵고 아마 사정을 자세히 말해도 잘 이해하지 못했으리라! 항상 두 사람이 버는 우리 부부의 경제가 어렵다고 누가 추측을 할 수 있겠는가!

이제 언니와의 결렬로 명작동화는 더 이상 판매 활동을 할 수가 없었다. 나도 직장에 다니는 사람이니 여기에 매달려 책을 팔수가 없었다. 그렇다고 언니에게 매달려 구걸하는 상황을 만들 수는 없었다. 이때부터 명작동화는 창고에 갇혀 아주 싼 가격으로 나갈 때까지 3년을 창고 그늘에서 갇히게 되었다. 이 명작동화에서 나오는 이익으로 성경동화 경제를 조달받으려 했는데 오히려 명작동화로 인한 지출이 성경동화의 발목을 잡게 되었다. 언니를 아는 지인께서 훗날 나중에 이런 말씀을 해주셨다.

"언젠가는 동생이 나에게 명작과 성경동화 판매권을 가져오게 되어 있어요!"라고 말했다고 한다. 또 조카에게는 이모가 전화 오면 받지도 말라고 하셨다니 언니의 섭섭함은 내가 생각했던 것 보다 매우 큰 것 같았다. 그러나 난 가야 할 길을 가야만 했다. 다시 돌아갈 수는 없었다. 돌이켜 보면 자신의 사정을 낱낱이 상대방에게 잘 말하지 않는 나의 성격 때문에 상대방이 나의 상황을 자세히 모르고 오해하는 일들이 상당히 많았다.

이 사무실을 얻는 데 도움을 준 L목사님도 마찬가지였다. 나중에 경제와 관련된 어떤 일이 생기자 나에게 섭섭한 마음이 크셨고 내가 돈을 아끼려거나 줄이려고 한다는 생각을 하시면서 많은 실망감을 가지셨다. 내가 구구절절이 나의 상황을 이야기했다면 섭섭했던 상황은 달라졌을까?

그 후 구약동화를 제작할 때 인쇄와 종이 문제 때문에 조카에게 전화문의를 했더니 조카는 이모가 전문가를 직접 영입해서 알아서 해야 할 것 같다고 냉랭한 답변을 했다. 이때 나의 마음에 이제는 정말 아무도 의지하지 말고 이 광야에서 맨땅에 헤딩할 수밖에 없구나! 라는 마음가짐을 가지게 되었다.

험난한
구약편집의 여정

1

하나님은 글의 각색을
누구로 예정하신 걸까?

　이 시기에 빈 사무실을 지키며 내가 하고 있었던 가장 큰 일은 성경동화 글의 원고를 다듬는 일이었다. 원래 구약 원고의 첫 번째 각색은 문학 작가이면서 동화 글을 쓰는 분에게 보내졌다.

　한참 후 돌아온 글은 원문보다 아주 부드러워졌지만, 원문의 뜻이 다소 희석되는 경우가 생겼고 문장이 명작동화 같은 문체로 보여서 1차 각색은 실패로 끝났다. 2차 각색을 하실 분을 구할 때는 사무실 옆에서 우리 일을 기도해 주시고 글에 많은 관여를 하셨던 L목사님이 지인을 통해 소개해 주셨다. 이번엔 기독교인이면서 문학 활동을 하는 분에게 글을 부탁하게 되었는데 나중에 글을 받아보니 글은 힘이 있어 보였지만 원문에 자신의 신앙관을 많이 반영하였다. 글 작가이신 목사님은 몹시 화를 내다시피 실망하셨다. 각색이란 다듬는 사람의 생각이 안 들어갈 수는 없다. 그러나 최대한 원문의 뜻이 훼손되지 않아야 했다. 글 작가님의 실망은 몹시 컸다. 많은 갈등과 논의 끝에 거의 하는 수 없다시피 "목사님! 한 번 사무실에서 제가 다듬어 보겠습니다!"라고 제안했고 목사님도 동의하셨다.

두 번이나 각색에서 실패했다면 또 다른 분에게 보내도 같은 문제에 부딪히리라 판단이 들었다. 그 후로도 L목사님이 두 분 정도 더 소개하셔서 글을 다듬으려 했는데 뜻대로 되지 않았다. L목사님은 일반인인 내가 하는 것이 당연히 미덥지 못했던 것이다.

글 작가이신 목사님이 처음 쓰신 이 원문 원고를 살펴보니 성경내용은 정리를 잘하셨으나 문장이 다소 딱딱하여 부드러운 아이들 문장으로 다듬어야 할 분량이 몹시 많았다. 대화 글 또한 적어 아이들이 좋아할 만한 감칠맛 나는 글의 연결이 잘 되지 못했다. 처음 아이들 원고를 쓰시니 당연한 상황이었다. 글을 조율하는 관점에서는 상당한 갈등이 있었는데 작가 목사님께서는 우리가 아이들 성향의 글로 다듬으면 본인의 글 의도가 아니라며 어떤 땐 반발도 많이 하셨기 때문이다. 이런 많은 부딪힘의 과정을 계속 연이어 겪으면서 일반인이 아닌 목회자를 대상으로 한 조율은 누가 옳고 그르고를 떠나 정말 심적으로 힘이 들었다. 또 나는 아니라고 생각해도 내가 알지 못한 나의 작은 행동들이 글 작가 목사님을 힘들게 했을 수도 있었다. 사이가 그렇게 좋았던 관계가 점점 서먹해지고 서로 서운해하였다.

내 생각은 변함없이 초등학교 1학년 기준으로 보았을 때 그 아이들이 쉽게 읽을 수 있는 문장이 되어야 한다는 것이다. 글 내용이 아무리 좋아도 아이들이 읽어서 어렵다면 이 동화책의 주인공은 아이들이 아닌 어른이 되어야 하지 않는가!

사무실에 혼자 앉아 생각하니 마음이 몹시 답답하였다. 이 일의 밑도 끝도 보이지 않는 상황에서 도대체 돈을 아끼려 한 것도 아닌데 나 같은 일반인이 왜 이 글을 다듬어야 하는 상황이 되어야 하는지 이해할 수 없었다. 2003년도에 언니의 책 출판을 도와줄 때 글을 만드는 기초 작업을 해보았기 때문에 이 일이 얼마나 힘들고 사람을 소진시키는지 너무나 잘 알고 있었다. 그러나 두 번이나 각색에서 실패를 보았고 다른 소개받은 분들도 뾰족한 방법이 안 나오는데 어찌하겠는가?

일단 글을 읽으며 쓸데없이 긴 문장을 단순하게 줄였고 내용이 지루한 부분에서는 최대한 대화 글을 적절히 넣어 보았다. 예를 들어 구약 17화에서 '그러나 파도가 가운데로 몰려들더니 갈라졌던 파도가 다시 합쳐졌어요. 이집트 병사들의 머리에 마차 위로 바닷물이 무섭게 덮쳤어요.'라는 문장이 나오면 이 두 문장 사이에 '으악! 차가워' '아아악-물이 차오른다!' '사람 살려 어푸! 어푸!'라는 의성어, 의태어 등을 넣어 표현하면 훨씬 생동감 있는 문장이 되었다.

40화 《에스더》에서는 모르드개가 에스더에게 '그러다 왕이 네가 유다 사람인 것을 알고 너를 죽이면 어떻게 하니?'라는 질문에 에스더가 '저는 죽음을 무릅쓰고~'라는 평이하게 대답하는 문장이 나오는데 이것을 '죽으면 죽으리라! 이것이 저의 결심입니다.'라는 성경구절을 그대로 인용해 문장을 단순화시켰더니 더 의미 있는 표현이 되었다.

7~8개월 동안 거의 이틀 간격 기준으로 41권 구약 전체원고를 한 번씩 읽고 글자를 다듬어 갔다. 그럴 때마다 글자의 색상을 다르게 하여 줄 치고 표시하였다. 이렇게 해야 교정 진행과정이 한눈에 들어오기 때문이다. 몇 번씩 더 읽을 때마다 문장은 더 쉽게 단순화되었고 그렇게 길었던 문장들이 과감히 짧게 줄어들었다. 또 쓸데없이 짧은 문장들은 한 문장으로 합쳐졌다.

또 문장이 끝날 때 대부분 '했어요.'로 마감되는 것이 너무 많아서 한 단락에 '-요.'가 지나치게 많이 반복되지 않게 했다. 구체적으로 '했답니다.' '했지요' '하지 뭐예요?' 등 다양한 마감글자로 바꾸어 표현했더니 성우들이 녹음했을 때나 아이들이 읽을 때도 지루하지 않은 재미있고 운율이 살아있는 문장이 될 수 있었다.

시간이 가는 줄도 모르고 원고를 각색했지만, 학교에서 퇴근하고 사무실로 곧장 와서 작업을 해도 겨우 월평균 15회 정도로 글 전체를 다듬을 수 있었다. 정말 너무나 힘이 들어 몸이 비틀어지고 졸음도 쏟아지는 등 고문이 따로 없었다.

이 시기에 다시 영입된 대학생 직원 소연, 숙윤씨도 7~8개월에 걸쳐서 나와 똑같이 글을 다듬었고 우리 세 명은 서로 각자 고친 문장 글을 보고 비교하면서 가장 좋은 문장으로 선택했다. 이렇게 작업을 했더니 놀라운 것은 문학적인 글은 못되어도 읽으면 술술 넘어가는 글은 될 수 있었다. 또 나중에 한국 성우가 녹음할 때도 정말 믿어지지 않지만 단 한 자의 오타도 발견되지 않아 이것도 큰 기적이요 하나님의 은혜였다.

하나님께서 이렇게 긴 시간 동안 글 각색 작업을 혹독하게 시킬 때는 다 이유가 있었던 것이었다. 지금 생각해 보니 만약 특정인 그룹이 이것을 각색했다면 우리 사무실처럼 이렇게 공들이고 꼼꼼하게 긴 시간을 내어 다듬지 못했을 것이다. 글은 시간을 내어 다듬을수록 빛나는 보석이 되기 때문이다.

주변에서 지켜보는 분들의 솔직한 생각은 사무실에서 다듬은 글에 대해 많은 걱정도 하셨다. 일반인이 글 각색 작업을 하는 것에 대해 더러 보이지 않는 인정 못 함? 도 있었다. 그러나 어쩌랴! 하나님께서 글 각색에 대한 모든 상황을 이렇게 끌고 가시니 그저 따라가고 순종할 수밖에 없었다.

돌이켜 보니 글을 만지기가 싫어 끝까지 버티며 다른 사람에게 맡기고 싶어 했던 나에게 하나님께서 인도하신 방향은 주변 사람들이 이해하기가 어려웠고, 본인인 나도 이해가 안 가 많이 울기도 하였지만 결국 하나님은 모든 과정을 다 겪기를 원하셨던 것 같다. 하나님은 8개월 동안 글 각색에서 이렇듯 많은 기도와 긴 시간의 분량을 원하셨던 것이다.

예정된 글 각색자는 과연 나였을까?

2

하나님은 인위적인 것보다
자연스러움을 원하셨을까?

그림원화 편집에 있어서 우리는 일단 전 사무실에서 일부 작업했던 성경원화 그림파일에서 인위적인 리뉴얼작업 이미지를 모두 없앴다. 인위적인 리뉴얼이란 그림원화에서 만족스럽지 못한 부분에 우리가 그린 무늬나 천의 무늬를 스캔 받아 그 부분에 새로운 색상이나 질감을 넣는 것으로, 잘 작업이 되면 산뜻하지만, 대부분은 원화에 사용한 미술재료 질감과 어울리지 않아 인쇄 후에 보면 많은 이질감을 느낄 수도 있다. 물론 색상 보정작업은 포토샵으로 하는 것이 당연히 필요하며 생생한 색상을 내려면 부분적 채도나 명암을 올리는 것이 맞다. 하지만 이런 작업은 정말 시간이 오래 걸리고 섬세한 감각이 필요해 회화적인 느낌을 살릴 수 있는 안목이 매우 필요한 일이다.

모든 원화그림에 리뉴얼을 적용한 언니의 편집방향은 내가 보는 관점에서는 미술재료를 만지지 않는 사람의 안목이었다. 내 마음속에서 하나님께서는 이 인위적인 편집보다 자연스러운 원화의 아름다움을 원하신다는 느낌을 계속 떨쳐버릴 수가 없었다.

3개월 동안 다시 리뉴얼을 빼고 원화를 보전하며 자연스럽게 작업하는 시간을 가졌다. 두 직원이 하는 말! "실장님! 속상하시겠어요. 저희한테 월급 주고 이 일을 시켰는데 또다시 월급 주고 빼는 작업을 하니 말이에요!" 맞는 말이었다. 이래저래 돈은 돈대로 들어가고 시간은 많이 지나갔고 편집은 다시 원점으로 돌아가는 상황이었다.

나머지 구약원고가 오자 새로 영입하는 그림 작가에게는 시안조율에서 좀 더 구체적인 부탁을 했고 우리의 동화 그림들은 이렇게 한 걸음 한 걸음씩 서서히 느리게 완성되어 갔다.

낮에는 초등학교에서 근무하고 퇴근 후 사무실에 오면 아무리 빨라도 5시 반에야 간신히 도착하기에 두 자매가 낮에 작업한 것들을 저녁이 되어서야 같이 앉아 조율할 수 있었고 또 내일의 할 일과 고칠 방향도 제시를 했다. 이런 생활이 거의 3년 반이 넘게 되어 버렸으니 애초에 2년 안에 완성하겠다는 생각은 짧은 인간의 생각이었다.

3
진정한 전문가란
무엇일까?

성경동화를 만들면서 실질적인 제작의 어려움이 글 각색, 그림조율과 편집, 제작과 인쇄라면 하나님은 어느 것 하나 그냥 쉽게 통과해 주시지 않고 이 모든 것의 어려움을 '맨땅의 헤딩' 식으로 철저히 엎드리고 경험하게 하셨다.

글 각색이 겨우 마무리되자 편집의 가장 많은 부분을 차지하는 그림조율과 비주얼 포토샵 작업이 기다리고 있었다. 그림 조율을 할 때 제일 힘든 것이 그림 밀도! 즉 완성도를 높이는 문제다. 사실 뛰어난 역량 있는 분을 제외하고는 대부분의 작가님의 그림은 실력문제가 아니라 본인이 얼마만큼 그림마무리를 성실하게 했느냐가 관건이었다. 시안작업부터 쉽게 하려 하거나 채색을 할 때도 적당히 마무리하려는 작가에겐 솔직히 "이 그림은 힘을 안 들이려고 너무나 적당히 그

EPISODE 6 험난한 구약편집의 여정 137

렸네요!"라는 말을 차마 못 하니

"선생님! 이 옷자락 부분에는 강한 명암을 더 넣어 주세요. 안착감이 없네요."라고 간접적인 표현으로 말하기도 했다. 배경을 그리기 싫어 딱히 별다른 이유 없이 하얀 배경으로 내버려 두거나 가볍게 표현한 경우에는 "선생님! 인쇄할 때는 흰 배경은 붕 떠 보이니 조금이라도 채색을 표현해주세요!"라는 미술용어를 사용했지만, 말이 조율이지 적당히 그렸으니 결국 더 꼼꼼히 표현하라는 뜻이었다. 이 조율의 밀고 당기기가 얼마나 서로의 눈치를 보게 하는지 모른다. 상대방의 기분을 나쁘지 않게 하면서 수정하게 하고 그림 완성도를 높이게 하는 것이 우리의 주요 관건이었다.

성경동화 그림은 그 시대적 배경에 따른 건물의 특징과 인물 복장이 정확해야 하므로 때로는 그림이 완성되고 난 후 잘못된 점이 발견되면 우리는 능숙한 포토샵으로 수정을 하였다. 이때 명작동화에서 단련된 이 두 자매의 포토샵 실력은 정말 감탄이 나왔다.

또 어떤 작가님은 받는 화료를 따지시며 "화료도 높지 않은 데 뭘 그리 꼼꼼히 그리라고 하는가!"라며 노골적으로 민망하게 따지는 작가님들도 있었다. 이런 분들의 특징은 역시 대부분 그림의 만족도가 높지 못했다. 진정한 프로이신 분들은 우리가 지적하면 금세 문제점을 인정하고 수정해 보내주시는 것도 신속하게 성의를 다하셨다.

이 과정에서 '진정한 전문가란 무엇일까?'라는 생각을 많이 하게 되었다. 나중에 구약동화가 나왔을 때 돌아보니 적당히 그리고 최선을 다하지 않는 그림들은 여지없이 하나님께서 통과를 시켜주지 않으셨다. 구약동화 과정에서 완성도가 낮거나 표절이 다소 느껴질 수 있는 그림 총 13편 그림을 다시 그리게 되었으니 이것도 꼭 나만의 생각이라고는 볼 수 없었다.

진정한 전문가는 실력은 물론 기본이려니와 그 마음가짐도 달라야 하지 않을까?

4
기도란 무엇일까?

두 자매가 7시에 퇴근하면 난 9시가 넘도록 원고를 정리하고 자매들이 그날 작업했던 결과물을 분석하여 내일 해야 할 것과 고칠 것들을 메모하고 집으로 갔다.

집에 도착하면 거의 10시가 넘는 생활들이 연속되었다. 그런데도 다음 날 새벽 4시 45분이 되면 하나님께서는 어김없이 피곤함에 찌들어 눈을 뜰 수 없는 나의 몸을 일으켜 주셨다.

간혹 사람들이 나에게 "어떻게 그렇게 피곤한데 꼬박 일어나서 교회를 가시나요? 정말 부지런하신 것 같아요"라며 물어보실 때가 더러 있다. 그분들은 새벽예배에 가는 것은 순전히 나의 열심이라고 생각하신 것이다. 그러나 나의 몸은 내가 제일 잘 알고 있다. 알람 소리가 없으면 난 절대 혼자 벌떡 일어나지 못하는 사람이다. 또 피곤하면

알람 소리를 잘 듣지도 못하고 계속 자는 사람이다. 나의 열심이 아니라 하나님께서 주신 은혜인 것이다. 이 은혜가 없으면 아무리 가고 싶어도 새벽에 일어나기가 어렵다.

새벽 4시 45분이 되면 눈꺼풀이 무거워 뜨기 어려웠지만 겨우 눈을 겨우 비비고 일어나서 준비한 후 교회에 가면 5시 반! 이때 드리는 새벽예배에서 하나님께 아뢰는 시간은 가장 소중하고 내가 살아있음을 고백하는 축복의 시간이었다. 기도는 내 열심만으로 하나님께 나가 하고 싶을 말을 하고 악착같이 달라는 간구를 하는 것이 아닌 하나님이 허락하셨기에 나아 갈 수 있는 자리인 것이다.

기도를 1000번째 드려야만 하나님께서 감동하여 축복을 주는 것이 아니라 전심으로 하나님 앞에 나아갔기에 하나님께 아룀을 허락받은 것이다. 기도 후 원했던 세상적인 축복이 없고 기도의 응답이 안 보여도 하나님 앞으로 나아가 아뢰는 것 그 자체로 우리는 이미 그 복을 다 받은 것이다.

어느 날 새벽이었다. 그 날은 유난히 더 지치고 답답한 마음을 가지고 기도를 하게 되었다. 한참 시간이 지났고 눈은 감고 있었지만, 문득 나의 눈이 퍼뜩 떴다는 느낌을 받았다. 나의 마음에는 마치 눈을 뜨자마자 하나님의 충만함이 바로 앞에서 동행한다는 감동이 왔는데 바로 그때! 하나님께서는 천국의 의미를 이렇게 깨닫게 해주셨다. 그 순간 충만감으로 몸이 떨렸고 아무것도 필요한 것이 없고 아무것도 부럽지 않으며 오직 하나님과의 동행만이 줄 수 있는 은혜가 천국이라는 것을 알게 하셨다. 천국은 특별한 장소나 시간, 어떤 조건들이 펼쳐져 있는 개념이 아니라 오직 하나님이 임재하신 곳이 천국인 것이다. 우리가 죽음을 맞고 곧 눈을 뜰 때 전능하신 하나님이 바로 앞에 동행하여 계신 것 그것이 우리가 가야 할 천국이다. 이때 주신 깨달음의 은혜로 난 인간적으로 별로 관심이 없었던 천국에 대한 소망관을 달리 가지게 되었고 세상이 주는 기쁨에 대해 많은 정리를 하게 되었다.

기도는 우리가 하나님께 나가려고 하는 것이 아니라 하나님께서 우리를 이끄셨기에 가는 것이며 부르셨기 때문에 아뢸 수 있는 것이다. 나는 매일 매일 새벽예배를 가야지! 하고 생각해 본 적이 별로 없다. 내가 예배를 간 것은 딱 오늘뿐인 것이다. 오늘 가니 내일 간 것이 되었고 오늘 예배를 가니 여러 날 간 것이 되어버린 것이지 매일 가야지! 라는 생각에 매이지 않았다.

하나님은 오늘만 우리를 부르신 것이다. 오늘 가지 않으면 내일은 없는 것이다. 난 오늘만 간 것이다! 그래서 매일 갔다고 자랑하는 것은 교만인 것이다. 시공을 초월하시는 하나님은 이미 미래의 우리 모습을 아시기에 현재의 우리가 이렇게 연약하고 한심스러울지라도 사랑으로 우리를 이끄시는 것이다.

5
최대의 위기
그것은 표절!

　인쇄를 앞두고 편집이 마무리단계에 이르렀을 때 예상치 못한 위기가 닥쳤다. 우연히 우리 딸이 시중에서 잘 팔리는 타 출판사의 동화책을 보다가 깜짝 놀라운 발견을 하게 되었다. 구약그림에서 한 작가분이 5편 정도의 그림을 그렸는데 그중 몇 편이 다른 동화책그림의 구도랑 거의 똑같고 인물 캐릭터 특징도 비슷했다. 이 작가의 그림과 타 출판사 책을 펼쳐보면 너무나 같은 특징이 비교되어 더욱 적나라하게 결론이 드러났다.

　우리는 너무나 놀라 서둘러 그 작가부부와 미팅을 가졌다. 두 사람에게 조목조목 그림을 보여주며 사실관계를 따졌는데 알고 보니 두 부부가 서로 도와주며 그린 것으로 부인보다 남편 쪽에서 더 표절한 것으로 드러났다.

그런데 그림작가의 남편은 처음엔 너무 미안하다며 보상하겠다고 사과하더니 나중엔 주변 지인들의 말을 듣고 태도가 달라지면서 "100% 똑같지 않다면 표절이 아니니 소송하더라도 절대 이길 수 없어요!"라며 자신만만하게 으름장을 놓았다.

정말 고소를 하고 싶었는데 남편은 오히려 나를 꾸짖었다. 성경동화를 만들면서 송사를 만들고 싶지 않단다. 더구나 그 사람들이 나쁜 일을 한 것은 맞지만 오히려 전도해야 할 불쌍한 사람들이므로 나중에 책이 나오면 전달하라고 한다.

'저 말은 정말 나의 남편이 하는 말인가? 아니면 하나님께서 그를 통해 나에게 말씀하시는 건가?'

울화를 겨우 삼키며 하는 수 없이 깨끗하게 소액보상을 받는 것도 마음을 다 내려놓았다. 인쇄를 앞두고 꼭 성경동화에 피를 묻히는 것 같은 생각이 들었기 때문이다. 이를 지켜본 주변 분들은 그런 화가들은 따끔하게 만들어야 이런 행동을 앞으로 안 한다며 당장 고소하라고 했다. 그러나 이 일에 대한 응징은 하나님께 내려놓기로 하고 우선 새로운 화가들을 다시 섭외하였다. 두 달 안에 그림을 다시 완성해야 하니 정말 고지를 앞에 두고 다시 몇 개월을 기다려야 하는 상황이 되어 버렸다. 그림이 최대한 완성되는 시간이 두 달이더라도 원화를 스캔 받아 편집하며 부록까지 다시 만들면 넉넉잡고 다시 한 달이 더 필요하기 때문이다.

결국 구약 성경동화는 구약동화 총 41편 그림 중에서 13편을 다시 그리게 되었다. 표절도 있었지만, 역량이 안 되는 그림들은 작가의 한

계가 그것밖에 안 되기 때문에 화료를 안 줄 수는 없었다. 그냥 포기하고 다시 해야만 하는 것이었다. 어려운 처지에 제작비가 더 추가로 들어가니 남편의 근심도 깊어졌다.

그런데 이 일이 있기 얼마 전 담임목사님을 모시고 사무실에서 예배를 드릴 때 목사님은 다소 예상외의 말씀을 해 주셨다.

원래 구약동화 원고가 우리의 예측을 벗어나 1년 반 이상 늦어지자 덩달아 그림들도 따라서 늦게 발주되어 그림완성도 늦게 될 수밖에 없었다. 또 원고가 생각보다 늦게 오자 이에 대한 시간 조율 문제로 글 작가 목사님과의 갈등을 많이 빚었는데 원고가 늦으면 사무실 운영비도 엄청나게 늘어난다는 사실을 글 작가 목사님께서는 잘 이해하지 못하신 느낌이었다. 이런저런 이유로 낙담이 된 나에게 담임목사님께서는 이렇게 말씀하셨다.

"집사님! 너무 걱정하시 마시고요! 일이 늦으면 늦는 대로 다 하나님의 뜻이 있는 거니까요!"라는 다소 이해하지 못 할 부처님? 같은 느긋한 말씀을 하셔서 사실 위안을 받지는 못하였다.

그런데 이런 일이 터지고 나니 불현듯 목사님의 말씀이 새삼 떠오른 것이다. 만약 일이 빨리 진행되어 구약동화가 인쇄되었다면 표절은 나중에야 발견되었을 것이고 우리는 상상 못 할 피해와 불명예를 안았을 것이다. 빠르면 빠른 대로 늦으면 늦는 대로 하나님의 뜻은 우리가 헤아릴 수 없다. 다만 우리는 순종하고 갈 뿐인 것을 뼈저리게 느꼈다.

6

또 다른 위기
외국어!

　처음에 구약 성경동화 원고를 다른 나라 언어로 번역을 하게 된 계기는 국내의 다문화 가정 아이들과 해외선교 영역에서 유용하게 활용되었으면 하는 바람으로 시작이 되었다.

　주일예배 때에 오셔서 말씀하시는 해외선교사님의 설교를 듣고 나면 그 순간 하나님께서는 번역의 뜨거운 소망과 열정을 나에게 불어넣어주셨다. 충만한 감동을 주시면 순종하여 그대로 번역을 하나하나 시작하게 되었는데 어느덧 7개국 정도의 외국어 번역까지 이르렀으니 이것은 꼭 나의 개인적인 생각으로만 진행된 것은 아니리라!

　번역작업을 처음 했던 나의 순진한 생각으론 성경의 인명, 지명 등이 정확해야 하므로 1차 번역은 선교사님이나 기독교인에게 맡기고 2, 3차 검수 과정에서는 전문 번역가와 네이티브가 다듬는 것이 옳다고 생각했다. 또 전문가에게 맡기면 어느 정도는 당연히 나오겠지? 라는 단순하고 느긋한 생각을 하였다. 지금 돌이켜 보면 정말 세상적인 용어로 '모르니까 이렇게 했지 알면 차마 못 한다.'라는 말이 너무나 맞는 말이었다. 뚜껑을 열어 보니 번역 작업은 그리 단순한 것이 아닌 산을 넘고 넘어도 끝나지 않는 제2의 창작 작업이었다.

구약 영어원고는 지인의 도움으로 소개받은 미국에 사는 한 자매가 맡게 되었다. 마음이 순수한 이 자매는 최선을 다해 완성했고 또 네이티브 친구에게도 보여주어 나름 꼼꼼한 작업 마무리를 해 주었다. 그럼에도 염려되는 마음이 다소 있어 주변의 지인에게 보여주었더니 문법적인 부분 검수와 부분적 문장 수정이 더 필요하다고 하셨다. 다시 여러분들이 협력하여 원고를 다시 읽고 교정을 하여서 원고 마무리에 많은 도움을 주었다. 이렇듯 번역이란 한두 사람만의 일이 아닌 여러 사람의 협력이 같이 있어야 이루어지는 공동체 작업이었다. 때에 맞추어 정말 하나님은 적절한 사람을 붙여주심으로 이 번역검수의 마무리를 잘 할 수 있었다. 영어 마무리는 번역 후 거의 1년이 다 되어서야 완성이 되었다.

중국어 원고는 나를 가장 힘들게 했던 작업이었다. 마침 지인이 소개한 대형교회 선교팀의 중국어 전도사님이 연결되어 원고청탁을 하게 되었다. 그런데 상당히 긴 시간이 지나도 원고가 오지 않아 마음 고생을 했는데 막상 원고가 와서 살펴보니 너무나 놀랐다. 북경에서 중국어 공부를 아주 살짝 공부했던 내가 보아도 원문반영이 틀린 것도 있었고 무엇보다 전체 문장의 흐름이 제각각이었다.

우리 부부는 화들짝 놀라 며칠을 서로 번갈아 가며 읽었고 한글과 비교 분석하면서 일일이 밑줄을 긋고 뜻이 다른 것들을 찾아냈다. 애초에 원고를 맡겼던 전도사님을 만나 수정 사항을 보여드리고 이렇게 된 원인을 듣게 되었는데 본인이 너무나 바빠서 세 사람에게 나누어서 일을 분담시켰다 한다. 그러니 각 권마다 문장의 흐름이 제각각 달랐던 것이었다. 전도사님은 이 사태의 심각성을 파악하시고 일단 본인이 가져가서 어느 정도 교정 마무리를 한 후 다시 원고를 보내주셨다.

　일단 원문 내용에 맞게 수정은 되었으나 이글을 본 남편의 고심은 깊었다. "이대로는 책으로 낼 수 없어! 직역은 되었지만 중국 동포분이 표현하는 문장이랑 한족이 표현하는 문장의 괴리가 너무 커! 아! 한족 분들이 일반적으로 사용하는 깔끔한 문장들이어야 하는데! 한번 다른데 의뢰할 곳을 당신이 알아봐!"

　늦은 밤, 사무실에 혼자 앉아 중국어 원고를 만지고 있는데 깊은 한숨과 함께 하염없이 눈물이 나왔다. '이 글을 어떻게 해결하여야 하나? 생초보인 내가 문장을 지적하고 수정요구를 하니 무슨 상황이 이렇게 힘들까? 하나님! 어떻게 해야 하나요?'

　울면서 찬송을 한 곡 부르고 나니 마음이 차분해지고 갑자기 어떤 한 분이 스쳐 갔다. 2차 북경 주재원 생활 때 연세대 중문과를 나온 K집사님이 생각난 것이다. 나는 얼른 핸드폰을 꺼내 그분의 카톡이름을 검색해 찾기 시작했고 한 참 뒷부분에서 그분의 이름이 발견되었다. 친한 사이가 아니라서 그분이 태국으로 이사 간 후에는 연락이 없었는데 하나님은 이렇게 한 사람을 예비해 놓으셨다.

카톡으로 전화를 했더니 다행히 K집사님이 받으셨고 성경동화전체에 대한 이야기를 끝까지 들으시고는 "아휴! 집사님 주의 일인데 도와야죠! 제가 북경에서 중국어 개인교습을 받았었는데 제 라오스(개인교사)가 지리학 교수님이셨어요. 정말 문장력이 좋아요! 그런데 지금 아들이 캐나다에 살아서 거기 갔으니 메일로 한 번 물어볼게요. 검수를 해 줄 수 있는지!"라며 친절하게 답변해 주셨다.

아! 기적 같은 일이었다. 이 원고가 태국 K집사님에게 메일로 갔고 다시 태국에서 캐나다로 갔으니! 두 달 안에 중국 라오스는 프린터로 뽑은 종이원고에다 직접 줄을 긋고 문장을 수정한 것을 비행기 EMS로 한국 사무실로 보내주셨다. 페이는 받지 않겠다고 우겨서 결국 주지 못했고 나중에 신약원고를 봐 주실 때 사례비를 드렸다. 할렐루야!

태국어 원고는 늦지 않게 번역이 되어 돌아왔지만, 주변에서 아무도 검수를 해 줄 인적 네트워크가 없었다. 이미 중국어 트라우마로 불안해하는 나에게 K집사님은 본인이 태국어를 몇 년이라도 배웠으니 한번 보내 달라하셨고 곧 메일로 원고를 발송했다. K집사님은 주변에 태국어를 전공한 분에게 원고를 보여드렸고 그 반응은 1차 번역 원고가 만족도가 높지 못하다는 지적으로 돌아왔다.

마침 K집사님이 다니시는 교회에 문화센터를 운영하시면서 중요 정부 문서라든가 공식적 행사의 글 전문을 다듬는 분이 계시다며 우리에게 그분을 소개를 해주셨는데 그분이 바로 홍지희 집사님이었다.

우리는 미안한 마음을 무릅 쓰고 홍집사님께 검수를 부탁드렸다.

홍집사님은 출장과 행사가 많아 정말 시간이 없음에도 최대한 태국인 직원들을 동원하고 본인도 글을 꼼꼼히 검수하셔서 마침내 누가 보아도 훌륭한 태국어 번역 감수를 해주셨다. 나의 처지를 알기에 거의 무료로 봉사해주셨으니 얼마나 미안하고 고마운지 그 은혜를 잊을 수 없다.

검수가 끝나고 나중에 태국어 성경동화를 현지에서 녹음하게 되었는데 홍집사님은 현지인 어린이 담당사역자를 소개하셨다. 현지 어린이 담당사역자는 동화원고를 보더니 깔끔하고 좋으나 어린이가 읽기에는 딱딱하다며 녹음을 하다가 잠시 중단하고 글을 일부분 다시 다듬었다. 녹음관리는 교회에 출석하는 신실한 한 청년의 봉사로 이루어지게 되었는데 태국인 성우분들을 관리하고 녹음작업을 총감독하게 되었다. 이 기간이 반년 이상은 족히 되었는데 이 일을 지켜보며 하나님의 준비하심이 얼마나 시간을 초월한 일인지 또 깨닫게 되었다. 그때가 되어야 문을 여시는 하나님이었다.

녹음 기간은 예정과 달리 거의 6개월 이상 지체되었는데 여기에 국왕의 서거가 겹쳐 몇 달을 또 중단하고 나니 사실상 녹음 기간만 1년이 다 되었다. 기다리고 또 기다리는 인내의 시간이 태국어만 3년이 걸린 것 같다. 그런데 놀라운 사실은 인디자인 편집에서 오타를 점검하려고 한 태국어전공 자매에게 부탁하였는데 그 자매가 이 글을 보더니 감탄을 연발하는 것이었다.

"집사님! 제 친구들이 이 글을 보더니 너무 글이 훌륭하다고 자기

들도 이렇게 번역하고 싶대요!"라고 말하는 것이 아닌가! 너무 시간이 길어 아예 포기하다시피 하여 제대로 번역만 되어도 다행이지 싶었는데 가장 칭찬을 많이 받은 것이다. 녹음 당시의 현지 어린이 담당사역자분의 노고가 정말 고마웠고 태국어가 이렇게 긴 시간이 걸린 것도 모두 하나님의 뜻이 있었던 것이다.

일본어 원고는 다소 황당한 일이 많았다. 구약동화가 출시된 2015년 그해에 코엑스 국제도서전시회에 처음으로 참여해 성경동화를 전시하게 되었고 이미 번역된 언어별 샘플북을 1권씩만 만들어 앞 전시대에 올려놓았다. 그런데 전시 두 번째 날! 한 자매가 지나가다 일본어 샘플북을 보더니 갑자기 나에게 와서 "어머! 이대로 책을 내시면 안 될 것 같아요!"라고 말하는 게 아닌가!

"아! 이건 샘플이고요 아직 검수작업을 마치지 못한 원고에요."라고 말했더니 그 자매는 글 자체가 너무 고칠 것이 많다며 꼭 검수를 꼼꼼히 할 것을 조언하고 돌아갔다. 그날 집으로 온 후 불안한 마음이 들어 1차 번역원고를 일본어 전공을 한 친척교수님께 메일로 보여 드렸더니 깜짝 놀랄만한 답장이 왔다.

일본어는 연령에 따라 쓰는 한자가 다르기 때문에 그 부분을 확실히 반영해야 하는데 이 글에서는 반영이 매우 안 되었고 원고의 어떤 부분은 마치 번역직역기에 돌린 듯한 흔적이 여기저기 보인다고 했다. 예를 들어 '야곱은 약이 올랐어요.'라는 문장의 뜻은 화가 났다는 뜻인데 번역내용은 'take a medicine '식으로 정말 '먹는 약이 올랐다'는 식의 직역 번역 프로그램에 그대로 돌린 번역의 흔적이 있다는 것이다. 이 말을 듣자 가슴이 철렁해지며 저번 전시회 때 조언한 K자매가 생각났고 얼른 명함을 꺼내 연락을 해서 미팅을 하게 되었다.

K자매는 대형교회 설교말씀을 일본어로 동시통역하는 자매였는데 이 동화원고를 하나님의 일이라 생각하고 일본어 검수를 맡아 주기로 했다. 이 조율 과정은 거의 1년이 걸렸는데 이 자매님은 워낙 꼼꼼하여 일본 선교사님과 직접 글을 주고받으며 검수하여서 시간이 두 배로 걸렸던 것이다. 후에 이 원고를 녹음을 준비하기 위해 마지막 오타점검을 한 P자매에게 맡겼는데 일본에서 오래 살았던 P자매의 눈에는 또 고칠 것이 소소히 많다고 생각되어 다시 몇 달 동안 문장 다듬기 작업에 들어갔다. 마지막으로 성우들이 녹음을 진행할 때에는 크리스천 일본 여자 성우분이 많은 도움을 주셨다. 미세하지만 디테일한 부분을 자세히 지적하고 일일이 고친 후에야 녹음에 들어갔다. 이렇게 하게 되니 녹음시간이 다른 언어에 비해 족히 한 달 넘는 시간이 걸리게 되었다.

아랍어 원고는 소개받은 한국선교사님이 열정적으로 진행하여 가장 빨리 번역을 마친 언어였지만 마땅히 검수하실 분을 찾지 못해 번역 후 2년을 표류한 상태로 원고는 잠자고 있었다.

앞에서 언급한 코엑스 도서전시회 때 아랍어 샘플북도 한 권 만들었는데 글 작가 목사님께서는 성경내용이 아랍어 책으로 이렇게 대중 앞에 나오는 것은 그들에게는 일종의 전쟁선포와 같은 굉장히 민감한 문제라고 하시며 아랍어만은 은밀히 진행되어야 한다고 조언하셨다. 우리는 당황스러워 아랍어 검수를 제일 마지막으로 미루기로 하였다. 마음속으로는 이렇게 출판하기가 어렵다면 하나님께서는 왜 진행을 허락하신 것일까? 라는 마음의 질문도 들었다.

그런데 아랍 쪽에서 활동하시던 J선교사님이 열린비전교회에 오셔서 설교말씀을 전하게 되었다. 같이 연결된 이집트인 크리스천 네이티브 두 분이 우리 동화 글을 보시더니 재번역이라고 생각할 만큼 검수를 완전히 다시 해야 한다고 판단하셨다. 선교사님께 글 작가 목사님의 우려를 말씀드렸더니 그렇지 않다고 하시며 이집트에서는 출판의 자유가 허락되어 많은 기독교 서적이 어느 정도는 유통이 된다고 하셨다.

이때 우리는 새로운 사실을 알게 되었다. 아랍어는 아랍어를 공용으로 쓰는 아랍연합의 아랍 공용어 의미가 있어서 아랍어권 나라에서 공통으로 사용하는 통합된 이미지가 있지만, 이것을 다른 나라 국기처럼 표시하면 많은 반발을 일으킬지 모르니 차라리 자유가 다소 보장되는 이집트 언어로 대신 사용하는 것이 분쟁의 소지가 없다고 하셨다. 정말 큰 도움이 되는 조언이었다. 우리는 후에 책 뒤표지의 아랍어상징 마크를 이집트 국기로 정하고 신약인쇄를 하였다.

J선교사님은 시리아 난민으로 한국에 온 젊은 IT 전공 S청년을 우리에게 소개했고 그 청년에게 원고 검수를 부탁했는데 6개월이 지나도 묵묵부답이었다. 자신이 없는 건지, 검수하기 싫은 것인지 대답도 정확히 받지 못하고 아랍어 원고는 다시 표류하게 되었다. 최근에야 다시 만나게 된 J선교사님은 이집트에서 의학을 전공한 한 크리스천

청년과 같이 귀국을 하였는데 이 청년은 교통사고로 손을 다치게 되어 재수술을 받을 목적으로 한국에 오게 되었다고 한다. 이 청년이 최근 한국회사의 법조문을 아랍어로 잘 번역해서 주변을 깜짝 놀라게 했는데 J선교사님은 이분에게 검수와 번역을 맡겨보라 제의를 하셨다. 얼마 전 미얀마어 번역작업을 도와주시는 열린비전교회 K집사님께서 다시 아랍어 검수하실 분을 찾기로 하셨으나 잘 안되었기 때문에 이번에는 확실하게 후보자를 찾는 것이 중요했다. 이 원고가 언제 완성될지는 모르겠으나 하나님의 정하신 때에 반드시 녹음이 되리라 본다. 이렇게 세세하게 하나님께서는 적절한 시점에 사람을 보내시어 이렇게 작은 출판사에서 도저히 할 수 없는 일들을 놀랍도록 이렇게 인도하셨다.

베트남어 원고는 유일하게 가장 평안한 상황에서 진행이 된 언어였다. 우리 열린비전교회에서는 여름방학에 베트남으로 단기사역을 가는 비전트립이 해마다 진행되고 있었다. 담임 목사님께서는 우리가 부탁하신 것을 잊지 않으셔서 하노이로 떠나시는 부목사님께 당부하여 하노이에서 활동하시는 K선교사님께 베트남어 번역을 부탁드렸다.

K선교사님은 목회하시기 전 국어교육자로 활동하신 분이시라 문장 감각도 있었고 번역을 무난히 완성해 주셨다. 이 사실은 나중에 베트남어를 검수하게 된 네이티브 황집사님의 간증으로 베트남어가 깔끔하게 번역이 잘 되게 된 것을 알게 되었다. 검수를 맡은 베트남 네이티브 황집사님은 이곳에서 결혼하여 18년 이상을 한국에서 살았고 또 방송국에서 활동도 하고 있는 실력 있는 분이셨다. 황집사님을

연결해 주신 열린비전교회 K집사님께 많은 고마움을 느꼈고 하나님이 준비하신 그분의 네트워크 지도에 대해 다시 한 번 놀라움을 가졌다.

이렇듯 하나님은 모든 언어마다 합당한 시기에 필요한 사람을 보내주셔서 이 위기를 해결해 주셨다. 이런 일들은 표면적으로 볼 때 혼자 개인이 진행하는 것처럼 보이나 사실은 하나님을 신실히 믿는 많은 자녀들의 많은 헌신과 땀, 그리고 성실한 이방인 형제, 자매까지 들어 쓰신 하나님의 인도가 있었기에 가능한 일이었다.

7

모든 사람이 초보자로 모인
성경동화 제작은 과연
초보였을까?

　우리 사무실의 모든 작업은 이 계통에서 일한 사람이 단 한 사람도 없는 그야말로 생초보로 구성된 사람들의 활동이었다. 먼저 글을 쓰신 오목사님도 고등부 사역을 맡은 청소년부 전문 사역자이었다. 물론 일반적인 글을 나름대로 매우 잘 쓰신 분이었지만 어린이 글에 관해서는 정말 초보인 입장이었다.

　목사님이 성경동화 글을 쓸 때 많이 힘들어 하시고 중간중간 그분의 고뇌가 전달 될 때는 정말 너무나 미안한 마음이 들었다. 여태껏 다른 나라는 물론 한국에서도 성경내용을 동화형식으로 전체 연대기 별로 자세히 만들어 놓은 책이 없었으니 목사님께서는 도움을 받을 모델이 거의 없는 상황이었다. 오목사님은 본인이 많은 다른 책들을 따로 사서서 비교하며 직접 연구를 하셨다. 또 성경을 쉽게 전개하고 요약하며 표현하는 것은 만만치 않은 어려운 작업인 만큼 신학적 오류가 나지 않기 위해, 단 한 권을 쓰기 위해서라도 많은 참고 책들을 옆에 두고 작업해야 하는 어려움을 인내하셨다.

오목사님은 낮에는 학교 사역을 하시고 주일에는 청소년부 사역을 하며 짬짬이 나는 시간을 이용해 성경동화를 완성하셨다. 그러다 보니 쌓여만 가는 체력적 한계, 이 일 자체가 주는 중압감과 또 우리가 이해하지 못할 여러 상황으로 인해 목사님의 고달픔은 우리의 상상 이상이었다. 훗날 돌아보니 이분이 아니면 이 글을 누가 완성할 수 있을까? 라는 생각에 늘 빚진 마음을 가지고 있다.

나 또한 평생 교육현장에서 근무한 사람이라 출판 편집에 대해 한 자도 알지 못하는 사람이니 그야말로 맨땅의 헤딩이었다. 하나님은 왜 이렇게 출판에 대해 아무것도 알지 못하는 사람들만 모아놓고 이 일을 하게 하셨을까? 정말 의문이었다. 그림 조율을 할 때도 어떤 작가들은 일반인이 그림 시안을 조율하고 감독한다는 사실에 우려를 표현하며 다소 우리 의견을 무시한 듯한 행동도 더러 하셨다. 그러나 서울교대 시절과 청주교원대학원에서 조금이나마 미술교육을 배운 지식이 큰 도움을 주었고 글 조율에서는 고등학교 시절 신문반 활동과 결혼 전 청년 시절 교회에서 편집활동을 한 경험이 많은 도움이 되었다.

또한, 포토샵 편집을 훌륭히 마무리한 우리 숙윤씨와 소연씨도 처음엔 정말 초보로 시작했지만 많은 작업량의 연습으로 남들이 할 10년 분량의 일을 3년에 한 것과 같이 그야말로 정말 전문가가 되었다.

후에 이 두 자매는 신약동화가 나오기 전 다른 직장으로 이직을 하게 되었는데 새 직장에서 일을 잘 한다는 많은 칭찬을 받았다고 한다. 두 자매가 일했던 분량은 남이 10년 동안 하는 작업량의 압축이라 실력에 맞는 그 칭찬은 당연한 결과였다.

8

인쇄 '누가 초보자이고
누가 진정한 전문가인가?'

　구약그림 인디자인 편집이 마쳐지고 드디어 제작 준비과정에 들어
가게 되었다. 나를 포함한 우리 편집팀 세 명은 처음에는 한 권당 페
이지 수를 세는 방법을 몰라 인쇄소 담당자에게 일일이 묻고 다시 파
일을 보내며 조율했는데 인쇄소 직원들은 상당히 당황하였다. 이렇듯
종이 주문에서부터 인쇄 조율까지 많은 복잡한 일들이 펼쳐져도 하
나님께서는 하나하나 아기 걸음마 걷듯이 우리들을 인도하셨고 마침
내 100m 달리기까지 시키신 것이다.

　인쇄가 끝나고 제작의 정점인 제본에 들어가자 우리가 모르는 많
은 용어가 기다리고 있었다. 표지를 만드는 하드커버 작업의 뜻인 일
본어 발음인 '싸바리', 책의 처음과 끝에 들어가는 종이라는 뜻의 '면
지', 책 접지를 뜻하는 '오리꼬미'등의 생소한 말들을 익혀야 했다.

인쇄될 책의 화면을 알맞게 위치를 정하는 작업을 하리꼬미라고 함.

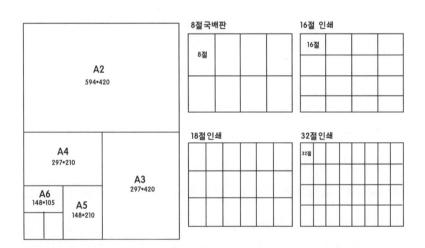

성경동화의 원래 크기로 책의 판형을 정한후
인쇄종이에 알맞게 배치를 하면 가장 낭비가 없는 제작이 가능하다.

특히 '하리꼬미'란 말은 특히 이해하기 어려운 용어였다. '하리꼬미'는 우리말로 표현하면 '터 잡기'라는 뜻인데 인쇄물 치수가 정해지면 인쇄용지 크기에 맞춰 그림화면을 여러 개를 넣어 앉히는 작업으로 인쇄 바로 전의 단계이다. 쉽게 말하면 인쇄할 종이 사이즈에 화면 치수 여러 개를 정해진 방향과 위치로 놓는 것이고 이 상태대로 출력해 검수하기도 한다.

제일 복잡한 계산은 종이 치수별로 명칭을 외우는 것이었는데 이 종이에 우리 책 판형이 터 잡을 때 필요 없는 여백을 최소한 줄여 낭비를 줄이려면 어떤 사이즈의 종이를 정해야 하는지 결정해야 한다. 후일 2017년 신약동화를 찍을 때 이 과정을 자세히 몰라 모든 과정을 인쇄소가 진행하도록 했는데 나중에 견적을 보니 종이 낭비가 많은 '국전'크기로 해서 관계자들의 혀를 내두르게 하였다. 우리가 초보이면 더 우리의 처지를 배려해야 하는데 자기중심의 이익으로만 진행하는 것이 이 세상이었다. 이 제작과정을 지켜보며 다음엔 정말 내가 발품을 팔아서라도 이 부분에서 다시는 이런 일이 생기지 않도록 정확한 지식을 익혀 상대방에게 휘둘림을 당하지 않아야겠다고 다짐했다. 무엇이든 모르고 남에게 맡기면 경제적 손실이 왔다. 만약 편집부분도 우리가 직접 하지 않았으면 만족도나 완성도에서 지금만큼 나오지 않기에 하나님은 생초보들을 그렇게 혹독하게 훈련시키며 여기까지 끌고 오신 것이라는 확신을 하게 되었다. 2015년 구약동화 인쇄가 잘 못되어 책을 다시 찍는 사건이 터지자 나의 마음은 요동치며 이렇게 외쳤다. '누가 초보자이고 누가 진정한 전문가인가?'

9

드디어 제작에 들어가다
그리고 큰 사고!

많은 걸림돌과 난관을 건너며 드디어 편집파일이 완성이 되었고 우리는 인쇄, 제본준비를 하였다. 제작은 종이주문, 하드커버 만들기, CTP 작업, 인쇄, 제본, 박스제작 등 기타 여러 공정을 거치는데 이쪽으로 아는 인맥과 네트워크가 전혀 없었다. 조카에게 전화하고 싶은 마음도 간혹 들었으나 언니 사무실에서 독립한 이후로 조카에게는 정말 의지하고 싶지 않았다.

다행히 우리 책에 관심을 가졌던 유통 쪽 여자 사장님께서 H제지 공장을 퇴직하신 A부장님을 소개해 주셨다. A부장님은 성경동화 출판 의미를 좋게 보시고 자신이 회사에 다닐 때 거래를 했던 유명한 인쇄소를 소개해주셨는데 이 상황에서는 인도하심대로 따를 수밖에 없었다. 파주에 가서 인쇄소를 살펴보니 시설도 상당히 컸고 엄청나게 많은 책이 인쇄되어 제본까지 한 곳에서 진행되고 있어 우리는 그 규모에 많이 놀랐다.

그런데 2014년 12월 말 인쇄에 들어간 성경동화는 2015년 4월 초가 되어서야 사실상 판매가 시작되는 어처구니없는 일이 발생했다. 원래 인쇄소는 연말이나 연초가 제일 바쁜 시기이다. 그러다 보니 다른 출판사의 주문 책들이 워낙 많은 탓에 우리 성경동화는 하루 찍다가 멈추고 다시 대기하는 상태가 되어버렸다. 다른 출판사들의 책을 찍고 나면 그 빈 시간에 우리 동화책을 인쇄하는 식의 짜깁기 인쇄가 진행되어 정말 생각보다 지연이 많이 되었다. 게다가 인쇄소 직원조차 이해할 수 없는 큰 사건들이 연이어 터져 버렸다.

책을 6권이나 다시 찍는 일이 생긴 것이다. 한 권은 우리의 실수였고 나머지 5권은 우리도, 인쇄소 직원들도 그 이유를 이해할 수 없는 대형 인쇄사고였다.

먼저 제1권《하나님이 세상을 만드셨어요》를 인쇄할 때 제1페이지가 까만 배경의 그림이었는데 글의 내용은 '아주 오래전 이 세상에는 아무것도 없었어요. 그저 깊고 캄캄한 어둠뿐이었지요. 오직 하나님만이 바람처럼 움직이고 계셨어요.'였다. 그런데 제1화 1페이지의 깊은 어두움을 표현한 까만 배경에 많은 가루가 뿌려져 있었다. 이 가루는 인쇄될 때 종이가 서로 붙지 말라고 눈에 안 띄게 미세하게 뿌리는 가루였는데 한꺼번에 엄청 많이 뿌려진 자국이 덕지덕지 보여서 정말 누군가 꼭 훼방을 놓는 듯한 느낌이었다. 또 사고가 1권에서 멈추지 않고 그 후 5권의 다른 인쇄사고가 연이어 발생해 결국 총

6권을 다시 찍게 되었다.

두 번째 사고는 35화 《하나님의 말씀을 어긴 요나》에서 하얀 바탕의 배경에 노란 선이 그어져 있었다. 또 다른 사고는 부록 지도를 설명한 글이 마치 이중으로 글자들이 겹친 것처럼 나왔다. 담당자 말로는 이런 사고들은 인쇄소에서 그야말로 오랜 기간 동안 걸려야 일어날 수 있을까 말까 한 사고들이 한꺼번에 모두 일어났다며 도저히 이해할 수 없다고 했다. 정말 정상적으로 이해할 수도 없고 상상할 수도 없는 많은 방해가 생긴 것이다. 이 방해가 신앙적인 면에서든 단순히 사람의 실수이든 어느 쪽의 방해인지는 능히 짐작은 되었다. 그러나 그렇다 할지라도 한편으로는 인쇄소 측에서 관심과 관리를 소홀히 한 것 아니냐는 원망이 저절로 나왔다. 다시 인쇄 기간은 연기되어 3월 초가 되어서야 겨우 제본까지 되어 박스로 포장된 구약 성경동화가 나왔다.

사고가 너무나 잦았는지라 구약 성경동화를 보는 순간 감개무량하였다. 설레는 마음으로 우리는 먼저 20박스를 보내달라고 하였다. 다음 날 인쇄소에서 집으로 책을 보내주었는데 거실에 책이 온 순간 정신이 까마득하게 놀랄 일이 벌어졌다.

눈앞에 보인 구약동화는 책 박스가 찌그러지고 눌려 온전한 것이 드물었다. 원인은 책 박스 상자 골재종이를 너무나 얇은 것으로 사용해 책의 무게를 못 이긴 박스가 결국 찌그러진 것이었다. 이 상태에서는 박스를 10개 이상 위로 쌓는 것은 무리였다.

"허! 인쇄사고가 난 비용 절감을 박스비용에서 단축을 했네!" 남편은 이 사태를 보며 여태껏 참았던 마음이 폭발하듯 보였다. 유명한 인쇄소에서 했다는 것이 도저히 믿어지지 않았다. 어떻게 귤 상자에 도 쓰지 못할 얇은 박스를 10kg 이상의 책 상자에 쓸 수가 있단 말 인가?

우리가 아무리 아마추어 출판 초보지만 이렇게 해도 되는 것인지! 남편의 항의로 인쇄소에서는 다시 박스제작을 새로 하게 되었고 거 의 한 달이 지난 4월 초에야 책을 출시하게 되었다. 이렇게 인쇄과정 이 3개월이 넘는 책이 또 있을까?

하나님의 예비하심

1

예측 못할 경로로 소개받은
기독교 서적 유통 사장님!

구약동화 인쇄에 들어가기 전에 같이 일했던 크리스천 자매에게
한 통의 전화가 왔다. 인쇄할 때 감리를 보는 사람을 구했냐고 물어
보며 아직 구하지 않았다면 자신이 할 수 있냐는 문의를 했다. 사실
두 달 만에 그분들과 결별했기에 다소 미안한 마음이 있어 답례하는
마음으로 쾌히 승낙했다. 그 자매는 감사함의 표시로 친구가 근무하
는 출판사와 연결된 기독교 서적 유통 총판을 소개해 주었다.

기독교 서적 유통에서 양대 유통의 한 축을 이루는 유통 사장님이
었다. P사장님은 우리를 만난 자리에서 샘플 동화책을 보시더니 몹시
기뻐하며 기독교에서 나오기 힘든 정성 어린 책이라며 많은 칭찬과
위로를 주셨다. 이분을 만나기 전에 주변에서 소개 받았던 여성이었
던 B사장님 태도에 많은 실망을 하고 결별했기에 지금 P사장님의 신

실하신 태도가 정말 감사했다.

이 자매는 나와 함께 인쇄감리에 같이 들어갔고 첫날 우리는 이 인쇄소가 우리 책을 계속 이어서 찍지 않고 드문드문 찍게 된 것을 알게 되었다. 따라서 정해진 감리 날짜도 자매 본인이 예정했던 날들과 달라져서 사실상 세 번 이상 감리를 볼 수 없었다. 자매는 이미 약속한 날짜가 지나가 버렸고 자신은 또 선약된 일이 있어 성경동화 감리에 더는 참여할 수 없다고 말하는 것이다. 물론 일정 책임은 그 자매가 아니라 인쇄소 측에 있었지만 딱 세 번만 감리보고 나머지를 전혀 하지 않으려는 자매의 태도는 정말 못마땅했다. 감리 권수도 정말 10권도 채 안 되었던 것 같다.

그러나 어쩌랴! 하나님은 이런 자매를 통해서도 하나님의 인적 네트워크 지도를 만들어 가시니 우리는 그저 순종할 수밖에! 나중에 그 자매가 감리 결제를 본인이 일한 시간만큼이 아닌 전체 200만 원을 그대로 요구했을 때 나름 속에서 욱! 하는 마음이 들었지만 정직하신 유통관계자를 소개했다는 답례로 생각하고 마음을 비우기로 했다.

사실 이 자매에게 감리를 맡긴다 했을 때 L목사님의 반대가 있었다. 편집 일을 그만두게 한 사람을 어떻게 다시 일하게 하냐며 다른 사람을 기용하는 게 낫다고 말씀하셨지만, 나의 마음에는 하나님의 인도하심에 대한 확신이 있었기에 반대를 무릎 쓰고 내 의견을 관철했다. L목사님은 섭섭히 생각하셨지만 때로는 하나님의 방향은 항상 목회자를 통해서 오는 것이 아니라는 것을 이미 이 과정에서 보아온 터라 나만이 해야 할 결정을 내려야 했다. 모든 결정은 이런 식으로 외로운 판단의 연속선상에 있었다.

그야말로 얇은 얼음 위에 있어 언제라도 깨질 것 같은 아슬아슬한 위기를 느끼며 그때마다 중요한 결정을 해야 하니 정말 기도하며 하나님께 구하지 않고는 감당하기 어려운 일들이었다.

2

창고를 준비하신
하나님

드디어 구약 성경동화 박스를 다시 새롭게 만들어 포장된 구약 성경동화를 인쇄소에서 찾아가야 하는 시점이 돌아왔다. 일반적으로 창고를 빌리는데 최소한 월 100만 원 이상 들기 때문에 경제가 여유롭지 못한 우리로서는 많이 고민이 되는 문제였다. 또 창고 관리를 하는 사람도 있어야 하는데 학교를 출퇴근하며 다니는 나로서는 창고에 갈 수 있는 상황이 안 되었고 또 편집에 매달려야 하는 여자 직원들을 그곳에 보낼 수도 없었다. 그런데 이때 뜻밖으로 하나님께서 예비하신 장소가 생기게 되었다.

남편이 예전에 유통 MB 과정을 수강했을 때 여기에서 만난 한 지인이 창고를 운영하시는 분이었다. 그 사장님은 남편과 함께 식사하다가 우연히 성경동화 제작 사실을 듣게 되었다. 그분은 걱정하지 말고 본인의 창고에 책을 옮기라며 당분간은 창고 비를 안 받겠다고 하셨단다.

세상에! 창고 구하기도 어렵고 관리도 쉽지 않은데 이 두 가지가 동시에 해결이 된 것이다. 놀란 마음으로 시흥에 있는 그곳으로 가보니 더욱 놀라운 장면이 펼쳐졌다. 이 창고는 최근에 지은 곳이라 투명한 아크릴 소재를 사용해 튼튼하고 세련된 디자인으로 넓게 지어진 보기 드문 창고였다. 겉에서 보면 마치 아크릴로 지은 미술관처럼 느껴졌다.

남편을 통해서 창고 사장님을 만나게 한 일도 이렇게 튼튼하고 아름다운 창고로 성경동화를 옮기게 한 일도 모두 우연이라고 보기에는 너무나 세세한 하나님의 인도하심이 느껴지지 않는가?

3

국민일보에 나오다
신문 인터뷰

2015년 4월에 구약 성경동화가 나오자마자 기독교 서적 유통 P 사장님의 조언과 도우심으로 국민일보와의 인터뷰가 이루어지게 되었다.

제목은 '어린이 성경동화 전집 41권 펴낸 가족의 힘' 이었다.

제목을 신문사에서 정하기 때문에 이의 제기를 할 수는 없었으나 나의 마음에는 그렇게 가슴에 와 닿는 제목은 아니었다. 우리 가족이 참여한 것은 맞으나 전체적인 진행지도는 하나님께서 만드시고 인도하시는 것이니 이 부분에 초점을 맞추어 주면 좋았는데 얼핏 '참! 대단한 가족이네. 대단한 집사님이네!'라는 것에서 머물러 버리면 성경동화가 제작된 참 의미를 놓칠 수 있기 때문이다. 많은 사진을 찍고 기자분이 질문하는 사항에 대해 답변하는 식으로 진행했는데 우

2015년 4월 국민일보에 성경동화 제작과정이 소개됨.

리가 일부러 찾아가서 부탁하는 것이 아니라 자연스럽게 일이 이루어져 이 인터뷰를 했다는 것은 정말 기적적인 일이었다.

174

4

기독교 신문과의
인터뷰

5월에는 여러 기독교 신문과의 인터뷰가 종로의 한 카페에서 있었다. 기독교 신문 기자님들이 바쁜 와중에도 오셔서 1시간 내내 질문을 해 주시고 친절한 진행을 이끌어 주셨다. 이 자리에는 우리 글 작가이신 오정세 목사님도 참여하였는데 내용적인 부분에서 성경동화의 특징과 쓰게 된 계기나 이유를 성경적인 관점에서 조리 있게 말씀하셨다.

이 간담회에서 어떤 여기자님이 말한 내용이 상당히 인상적이었다. 본인들은 우리가 책을 기증해도 받고 싶지 않다는 것이다. 그분은 세상적인 표현으로 공짜를 좋아하는 '크리스천의 거지 근성'을 지적하며 기독교인들이 피해야 할 행동들을 말씀하셨는데 솔직하기도 하고 적나라한 표현을 쓰셔서 왠지 내가 미안한 마음이 들었다. 그러나 교회 기부를 하면서 나도 나름 겪은 일들이 소소히 있어 이분의 생각이 전혀 맞지 않다고는 볼 수 없었다. 정말 솔직하고 자신의 소견이 분명히 있는 젊은 기자분이라는 인상이 들었다.

5

극동방송
'사랑의 뜰 안'에 출연하다

그해 2015년 7월 1일에 우리 가족은 극동방송 라디오 '사랑의 뜰 안'이라는 방송 인터뷰에도 나가게 되었다. 역시 이 일도 주변 지인들의 도우심으로 이루어지게 되었는데 너무나 평범한 우리 가족은 성경동화로 인하여 라디오방송에도 출연하게 되었으니 인도하심의 은혜는 끝이 없었다. 25분 방송분량의 인터뷰 양이지만 실제는 거의 1시간 정도 녹음을 했었다.

가장 긴장하고 떨 수 있는 사람이 나라서 미리 준비한 대본도 보고 또 말을 더듬지 않기 위해 마음의 준비를 침착하게 하려 노력했다. 그런데 예상과 달리 나는 차분히 PD님의 질문에 답변하였는데 나중에 방송을 다시 들어보니 이것은 나의 힘이 아니었다. 평소의 나는 말을 조리 있게 하는 스타일이 아니고 잘 더듬는 편이라 이렇게까

2015년 7월 온가족이 극동방송의 '사랑의 뜰 안'에서 녹화함.

지 막힘없이 했다는 것은 하나님의 도우심이 없이는 불가능한 일이었다. 하지만 막상 우리 가족에게 인터뷰 내용 대본을 미리 만들어 주고 리드해준 차분하고 이성적인 남편이 인터뷰 도중에 그만 흐느끼며 울고 말았다.

PD님이 "가장 어려운 점이 무엇이었나요?"를 묻는 질문에 아들과 딸은 나름의 힘든 점을 젊은이다운 솔직함으로 이야기했고 이후 남편은 가장 어려웠던 문제를 '재정문제'라고 솔직히 말하려는 찰나에 그만 눈물을 터트리고 만 것이다.

"제가 그동안 여러 방법으로 돈을 마련해서… 흐흑! 흑!" 조용히 눈물을 흘리는 남편의 흐느낌이 길어지자 남편의 인터뷰는 더 진행되지 못했다. 얼른 내가 마이크를 넘겨받고 남편이 하지 못한 내용을 나의 관점에서 피력했다.

피디님은 이 부분을 잘 편집하겠다고 하셔서 난 당연히 남편의 흐느낌 부분은 삭제될 줄 알았는데 나중에 들어보니 살짝 앞부분은 방송 편집 상황상 삭제하지 못해 방송으로 나가게 되었다. 이 방송을 들은 청취자 중 어떤 분은 사무실에 전화를 주셨다. 대부분 사장님의 흐느낌을 듣고 가슴이 아팠고 함께 읽는 성경동화를 위해 꼭 기도를 해주시겠다는 내용이었다.'

남편의 이 흐느낌은 지금도 나의 가슴에 여전히 남아있다.

'하나님! 제가 남편에게 꼭 경제적 빚을 갚도록 해주세요!'라는 말을 자주 읊조리게 된 동기가 된 일이 바로 이 일이었다.

6

2016년 5월
〈신앙계〉에 소개되다

북경에서 같은 교회에 다녔던 K집사님의 소개로 2016년 4월 기독교 잡지 〈신앙계〉 담당 기자님을 만나게 되었다. 월간지인 〈신앙계〉는 기독교 관련 중요한 이슈들을 다루고 여러 다양한 영역에서 신앙의 산증인들을 심도 있게 인터뷰한 기사를 자주 싣는 기독교 잡지이다. 특히 순복음교회에서 적극적 후원을 많이 한다고 한다.

기자님은 우리 사무실로 사진 담당 기자님과 같이 직접 방문해 주셔서 사무실의 이모저모를 찍고 인터뷰까지 하셨다. 주로 성경동화를 출판하게 된 동기와 제작과정 그리고 앞으로서의 문서선교 방향에 대한 내용을 묻고 기사로 옮겼다.

이미 2015년도에 기독교 신문과의 인터뷰를 경험한 터라 우리 부부는 사실 큰 기대감 없이 담담하게 만났다. 그런데 예상외로 기자님

2016년 5월 〈신앙계〉에 함께 읽는 성경동화 소개가 실리다.

은 무척 따뜻하고 무엇이라도 도와주려는 생각을 가진 분이셨다. 다소 지쳐 보이는 우리 부부의 모습이 안타까웠는지 점심식사를 하면서 소소한 위로의 덕담도 주셨다.

보통 〈신앙계〉 편집 구성은 대부분 흑백사진과 2도 인쇄의 검은 글씨로 이루어지는데 기자님은 특별히 우리 기사를 전체 컬러로 실어 주셨다. 덕분에 '함께 읽는 성경동화' 기사 내용은 다른 기사보다 훨씬 돋보이게 되었다. 성경동화가 잘 소개되어 보급이 많이 되었으면 하는 그분의 따뜻한 배려를 느낄 수 있었다. 이렇듯 주변의 많은 지인들이 '함께 읽는 성경동화'를 위해 기도해 주시고 여러모로 협력의 네트워크를 연결해 주셨으니 너무나 감사할 뿐이다.

7

홍보 부족과 낮은 인지도
그리고 판매의 부진

출간된 구약 성경동화는 드디어 기독교 유통으로 첫 판매 시작이
되었다.

동시에 우리는 일반 유통인 일명 어린이전집 유통조직인 '총판'이
라는 곳으로도 판매의뢰를 알아보게 되었다. 형부가 아시는 분 중의
한 분인 기독교 신자인 지방총판 Y사장님을 소개받아 만나게 되었는
데 Y사장님은 우리 책에 대해 기독교 신자로서 의무감을 가지고 한
번 해 보시겠다는 뜻을 피력하셨다.

드디어 일반 어린이 전집시장에도 구약 성경동화가 진출을 했으니
얼마나 기쁘고 감개무량했는지! 그러나 이 기쁨은 그리 오래가지 못
했다. 두 달이 지나면서 일반 총판 쪽으로 더 이상의 판매 진척이 보
이지 않았다. 브랜드 인지도가 거의 처음인 출판사인 데다가 종교동

화이다 보니 다른 책보다 훨씬 홍보와 판매가 저조해 일반 총판 쪽으로 300박스가 나간 후 주문은 더 이상 없었다.

인간적으로는 Y사장님께서 좀 더 적극적으로 판매를 독려해 주었으면 하는 기대와 바람이 있었지만, 이쪽 시장에서 우리 책은 철저히 외면당했다는 생각이 들었다.

오히려 기독교 유통 쪽에서 기대보다 더 선전한 면이 있었다. 2015년 4월 책이 출간되고 2017년 여름까지 2000박스가 인쇄된 성경동화는 거북이처럼 판매 부진에 고전해야 했다. 제작하느라 모든 경제를 다 쏟았기에 사실 광고에 사용할 돈이 전혀 없었다. 구약 성경동화의 판매부진은 이어지는 신약제작비에도 부담을 주어 이때부터 우리 사무실의 겨울은 더 길어지고 혹독하게 추웠다.

8

감동적인 추천사

2016년 4월경 우리 부부는 기독교 서적 유통 부장님으로부터 한 가지 부탁을 받았다. 기독교 서점에 동화 홍보를 위해서 대중들이 잘 알고 신뢰하는 목사님들의 추천사를 받았으면 도움이 되겠다는 것이다. 그 말을 듣고 큰 시름이 몰려왔다. 우리 부부가 워낙 평범한 집사들이라 딱히 큰 교회 장로님들을 많이 아는 것도 아니고 그렇다고 다른 교회 목사님들의 네트워크를 전혀 알지도 닿지도 못하는 정말 보통 사람들이기 때문이다.

고민하다 결국 담임목사님께 부탁을 드리기로 했는데 이 부탁을 말하는 자체가 너무나 큰 부담이 오고 짐이 되어 한동안 말도 못 하고 끙끙거렸으나 결국 말씀을 드리기로 했다. 토요일 교회 모임에 참여하기로 한 담임목사님의 일정에 맞추어 식사가 끝난 후 우리 부부는 목사님이 사무실로 들어가기 전에 말하기로 하고 주변을 서성이고 있었다. 이때 목사님께 곧장 다가가 말하지 않고 서성이며 망설이는 이유가 있었다. 조금 전 같이 식사를 할 때 목사님께서 기침을 많이 하시고 몸의 상태가 안 좋다는 상황을 느꼈기 때문이다.

목사님은 얼마 전 신체 한 부분이 안 좋아져서 수술을 받으셨고 딱 한 달 후가 지금의 식사 모임이었다. 식사 도중 목사님 뒤쪽으로 창문이 열어져 바람이 들어오자 담임목사님은 계속 기침을 하셨고 얼른 따뜻한 물을 마시자 겨우 기침이 줄어들었다. 수술 후 한 달이라 몸의 상태가 찬바람을 맞으면 안 되었는데 교회 일에 몸을 사리시는 분이 아니시라 아프셔도 나오신 것 같아 마음이 몹시 아팠다.

담임목사님이 식사가 끝나고 장로님들께 인사한 후 사무실로 들어가려 했을 때 우리 부부는 얼른 다가가 간단하게 상황을 이야기한 후 추천사를 부탁드렸다. 우리 부부가 너무 미안한 마음을 가진 것을 눈치챈 목사님은 "집사님! 저한테는 다 말해 주셔도 돼요!"라며 따뜻한 말로 오히려 위로를 주셨다.

아! 몸이 불편하신 목사님께 짐을 드리는 것 같아 목사님과 헤어지고 내려오는데 정말 마음이 편치 않았다. 언제나 "전 항상 비전코람데오의 목사입니다! 부르시면 언제나 이 종은 달려옵니다! 하하!"라며 농담 어린 말씀을 하셨던 목사님의 말씀이 귀에 쟁쟁히 울리며 나의 가슴은 안쓰럽고도 고마운 마음이 교차했다. 하나님께 꼭 이일이 잘되어서 은혜를 갚을 수 있는 날이 오게 해달라고 간구했다.

얼마 후 우리는 온누리교회 이재훈 목사님으로부터 메일을 받게 되었다. 본인이 단기선교에 다녀오시느라 답장이 늦어서 미안하고 어린이들에게 좋은 책을 만드시느라 수고가 많다며 겸손한 답변 글을 보내 주시었다. 그리고 마지막 한 줄 문장!

"혹 맘에 들지 않으신 부분이 있으면 마음대로 고치셔도 되고 전혀 새롭게 쓰시거나 제 이름을 사용하셔도 됩니다." 상대방을 배려하는 따뜻한 그분의 마음이 느껴져서 우리 부부는 정말 많은 감동을 하였다.

9
소비자가 자원해서
받아주신 추천사

2015년 가을 경에 사무실로 한 소비자가 AS 문의를 하였다. 아이들이 구약동화를 너무 많이 봐서 책 몇 권이 너덜너덜해졌으니 책을 교환해 줄 수 있냐는 내용이었다. 더불어 혹시 더 튼튼한 제본방법이 있으니 참고해 달라며 친절한 설명도 해 주셨다.

이분은 집에 있는 다른 동화책과 우리책의 제본을 꼼꼼히 비교하여 문제발생 요인을 분석하고 더 나은 대안도 제시해주셔서 참 대단히 열정적인 분이라고 생각되었다. 사는 곳도 길동이라 사무실과 멀지도 않아 책을 몇 권 교환해 주기로 하였다.

그런데 그날 저녁 이 이야기를 들은 남편이 대뜸 책 몇 권이 아닌 책 박스 전체를 교환해주라는 것이다. 나의 속마음은 소비자가 원하는 것만 바꿔주면 되련만 굳이 전체까지야! 라는 생각이 들어 한 참

후에야 남편의 결정대로 하였다.

남편의 생각은 이렇게 우리 책을 열심히 봐서 너덜너덜해진 것이 신기하며 그분께는 고맙다는 것이다. 이런 분들을 우리가 소중하게 여기고 또 전체를 바꿔주는 것은 경제적 손실이 아닌 소비자에 대한 예의라고 판단한 것이다.

다는 이해가 잘 안 갔지만, 그다음 날 우리 부부는 새 책을 가지고 그 집을 방문하기로 했다. 이 가정에는 6살 아래의 귀엽고 천진한 아들과 딸이 우리를 반겨주었다. 막상 책을 보니 정말 열심히 보아서 전체가 닳은 흔적까지도 느껴졌다. 말 없는 감동이 살며시 다가왔고 남편의 말대로 오기 잘했다는 생각이 들었다.

이 두 아이의 엄마인 황집사님은 그 후 이 일을 계기로 나와 자주 만나게 되었고 우리 성경동화가 홍보 부족으로 사람들이 잘 모르고 있는 사실 때문에 안타까워하기도 했다. 황집사님은 2016년에 우리가 추천사가 필요하다는 이야기를 듣고 흔쾌히 자원하셔서 본인이 다니는 오류교회의 담임목사님께 추천사를 부탁드려보겠다고 하셨다. 그러나 목사님이 워낙 바쁘시고 책을 추천한다는 것이 간단한 일이 아니라서 많은 절차와 과정을 거친 후 몇 개월이 지나서야 담임목사님의 추천사를 받을 수 있었다.

책 추천 부탁이 일상적으로 너무나 비일비재하고 또 이런 추천은 정말 조심스러운 일이라 검증과 결정에 시간이 오래 걸렸던 것이다. 어느 책이 이렇게 소비자가 자원하는 마음으로 추천사를 받아 주는 경우가 또 있을까? 이렇게 이모저모로 협력하는 여러분들의 도움으로 성경동화는 잘 갖춰지고 다듬어질 수 있었다.

함께 읽는 성경동화는 성경적인 내용을 이 시대의 자녀들에게 가장 재미있고 정확하게 전달하는 효과적인 도구입니다. 몰라도 그만인 전래동화같은 책은 다양한 디자인으로 쏟아져 나와 이 시대의 자녀들의 생각을 사로잡고 있습니다. 그러나 반드시 알아야 할 성경이야기가 어린이들에게 점점 진부한 책이 되고 있는 것은 정작 필요한 어린이 성경동화 책들이 점점 사라져가고 있기 때문입니다. 오직 하나님의 말씀이 전해지기만을 간절히 소원하는 순수한 열정과 헌신으로 이루어진 이 책의 출판이 하나님의 귀한 축복의 통로로 쓰임받기를 기도드리며 기쁨으로 추천합니다.

이재훈 목사(온누리교회 담임목사)

성경은 하나님의 말씀을 사람의 글로 기록한 책입니다. 하지만 성경은 매우 방대해서 어린이들이 짧은 시간에 독파하기는 좀처럼 쉽지 않습니다. 〈함께 읽는 성경동화〉는 어린이들도 성경을 재미있게 읽을 것을 목적으로 삼고 있습니다. 이 성경동화는 한 작가가 성경의 전체 흐름을 성실하게 따라가면서 주요 내용들을 알차게 간추려 어린이들의 눈높이에 맞게 동화로 표현하였습니다. 많은 어린이가 이 성경동화를 읽어 하나님의 말씀을 어릴 적부터 잘 익혀 하나님 나라를 위해 무럭무럭 자라

나는 놀라운 믿음의 꿈나무들이 되길 두 손 모아 기도합니다.

조병수 목사(합신대학원대학교 교수)

지금 한국교회는 다음 세대, 주일학교가 점점 사라져 가고 있습니다. 사단은 세속적인 문화를 통해 우리의 다음 세대를 미혹합니다. 이제는 가정과 교회가 하나가 되어 전인격적인 신앙교육을 해야 합니다. 이러한 점에서 〈함께 읽는 성경동화〉 시리즈는 다음 세대의 눈높이에 맞춰 성경을 시각화시켰을 뿐만 아니라, 부모와 자녀가 함께 읽을 수 있는 내용으로 가득합니다. 또한, 신앙교육 외에 다양한 외국어로 성경을 접할 수 있다는 사실은 '금상첨화'입니다. 저는 〈함께 읽는 성경동화〉 시리즈가 한국교회의 다음 세대를 살리는데, 귀한 밑거름이 될 줄로 믿습니다.

김은호 목사(오륜교회 담임목사)

EPISODE

8

하나님! 어디에 계시나요?

1
교회 기부를 보류했다

2015년 4월 구약 성경동화가 처음 나왔을 때 여러 교회와 기증을 필요로 하는 곳에 성경동화를 일부 기부했다. 처음엔 기부하는 것이 당연하다는 생각이 들었고 기부 명단도 받기도 하였다. 그런데 기부를 하다가 어느 순간에 문득 알고는 있었지만, 기부를 너무나 당연하게 생각하는 상황들이 많이 펼쳐졌다.

교회나 관련된 기관들이 모두 다 그런 것은 결코 아니지만 어떤 곳에서는 책 구매를 교회재정으로 지급하기 보다는 성도들의 기부로 채워지기를 바라는 성향이 눈에 띄었다. 살 수 있으면 사야하고 당연히 교육적 관점에서 투자하여야 하는 영역인데 과연 무상만 너무 바라는 건 아닌지? 그렇다면 과연 이것은 하나님의 방향일까? 라는 깊은 고민이 들었다.

심지어 어떤 곳에서는 한 개를 주면 두 개를 원했고 또 기부를 당연시하는 곳도 있었다. 아브라함도 사라의 장례장소를 값을 주어 지불했고 다윗도 타작마당을 값을 주어 사지 않았던가? 가난한 고아와 과부 그리고 병자나 약자들에게는 도움을 당연히 주어야 하지만 모든 것에 값없이 취하려는 것은 '이건 아닌데!'라는 생각이 들었다. 가슴속에 '성경적이지 않다.'라는 마음을 주시자 당분간은 기부를 보류하기로 하고 하나님께서 훗날 또 다른 방향을 주실 때 다시 움직이기로 했다.

어느 날, 미국 한 크리스천 방송국 담당자가 메일을 보내 우리 성경동화를 방송국 프로그램에 연재하고 싶다며 제의를 해 온 적이 있었다. 그런데 자세히 조건을 들어보니 방송에 대한 제한된 시기도 없었고 우리 쪽 저작권에 대한 보장이나 지불은 거의 없고 답례로는 미국 내 서점에 대한 홍보나 간단한 광고 지원이었다. 물론 많은 보상을 원하는 것은 아니지만 거의 무상에 가까운 것이었다.

담임목사님께 말씀을 드렸더니 목사님의 생각도 우리와 별반 차이가 없으셨다. "집사님! 하나님의 은혜가 정말 감사하지만 그렇다고 값싼 은혜는 아니라고 생각합니다."라는 명쾌한 조언을 주셔서 담당자분께 우리의 생각에 대한 답장을 곧장 보낼 수 있었다.

2
너무나 춥고
길었던 2016년

 구약 성경동화 판매가 활성화가 되지 않자 우리의 유일한 경제원은 오로지 기독교 유통에서 매달 오는 판매비용이었는데 정말 대부분 100만 원대에 그쳐 두 명 직원에게 들어가는 4백만에 가까운 월급과 그리고 발주한 신약그림의 화료를 지급하기에는 너무나 역부족이었다. 매달 적자가 평균 5백에서 8백만 원까지 쌓이고 이것을 메꾸기에는 그 끝이 보이지 않았다. 무엇인가 돌파구가 생기지 않으면 신약제작을 마무리할 수 없는 상황이 되어버렸다.

 더구나 신약원고가 계속 늦어지자 2016년 여름은 두 직원에게도 힘든 시기였다. 원고가 늦어지니 그림 발주를 할 수가 없고 딱히 동화편집에 가까운 일이 아닌 다른 일도 하게 되었는데 직원들은 자신들의 역할이 이제 여기까지라고 생각한 것이다. 판매가 부진하여 경제상황은 어려운데 자신들의 월급이 회사에 큰 부담을 준다고 여겨 다른 직장의 이전을 고려하였다.

난 일단 원고가 곧 들어오니 신약을 좀 더 해준 후 이직하는 것이 좋겠다고 부탁을 했고 두 직원은 9월부터 이직을 알아보겠다고 말했다. 그런데 신약원고는 8월이 되어도 채 못 들어왔고 이때가 글 작가 목사님과의 갈등이 많이 생긴 시기였다. 원고가 오는 시기를 묻는 나의 말은 목사님에게는 글 독촉이 되어버리니 심리적 압박감을 많이 느끼셨고 나의 입장에서는 3년이 다 되도록 완성되지 못한 신약원고를 더 기다리기에는 제작기간과 더불어 발생하는 비용이 상상 못 할 정도로 늘어나게 되어버려 이 상황을 목사님께서 자세히 말할 수는 없지만 그래도 이해를 해주었으면 하는 서운한 마음이 깊이 들었다.

2016년 4월부터 8월까지 우리는 일을 하되 신약에 관한 일들보다는 구약동화 외국어버전 편집이나 홈페이지 관리 등 다소 부차적인 일을 더 많이 하게 되었다.

이때 재정적인 마이너스 압박은 정말 견디기가 어려워 지옥이나 다름없었는데 남편에게는 차마 세세히 말을 못 해 내가 사용할 수 있는 카드론이나 단기대출 등 할 수 있는 모든 은행대출을 하게 되었다. 매월 말마다 카드통지서를 메일로 받으면 가슴이 철렁 내려앉았고 세상적인 용어로 '카드 돌려막기'를 할 수밖에 없는 상황이 되어버렸다. 길을 걸어도 겉만 멀쩡하지 가슴속은 문드러지고 앉아도 편히 앉는 것이 아니었다. 그러나 사람들에게 어떻게 이런 심정을 표현하겠는가? '괜히 하나님의 일 한답시고 무모하게 일을 벌이더니 결국 저런 꼴이 되는군!'라는 주변 분들의 따가운 시선을 아주 멀리서도 느낄 때도 많았다. 새벽에 눈을 뜨면 오늘을 버틸 힘이 없었다. 힘이 없기에 하나님의 은혜만을 간절히 구할 수밖에 없었다.

'아! 하나님! 정말 견디기 힘듭니다. 제가 이젠 그만두어야 하나요? 여기서 그만 멈추어야 하는 건가요? 제발 신약편집을 마칠 수 있도록 도와주세요!'라는 간절한 기도가 나의 뺨에 눈물로 번졌다.

3

하나님!
어디에 계시나요?

이 시기가 새벽에는 천국이요 낮에는 지옥이 반복되는 시기였다. 그런데 아무리 하나님께 간절히 구해도 하나님은 어디에 계시는지 미동도 없이 침묵 속에 계셨다.

컴컴한 바다에 혼자 노를 젓고 있는데 이젠 밤하늘의 별도 보이지 않고 칠흑 같은 어두움만 내렸다. 아무것도 보이지 않는 밤에 부모를 찾아 여기저기 두리번거리며 우는 아이처럼 나의 몸과 영혼은 그렇게 떨면서 울고 있었다. 그런데 마음 저 구석에서는 이 길은 혼자 건너가야 할 길이라는 생각이 들자 더욱 외롭고 서러운 마음이 들었다.

고립무원! 이 상황을 누구에게도 이야기하기가 어렵고 경제문제라 타인에게 말한다는 것 자체가 무겁고 버거운 이야기였다. 애초에 집 한 채밖에 없는 사람들이 이 일을 한다는 자체가 무모하였고 또 이렇게 예상했던 것보다 몇 배의 재정지출이 될지는 몰랐다. 그 때문에 지금 진행되고 있는 이 일 자체가 마치 꿈속의 일처럼 느껴지며 이 일이 과연 언제 끝날까? 라는 인간적인 고뇌도 하나님의 은혜와는 별도로 나의 마음을 매일 매일 짓누르고 있었다.

바다처럼 끝없이 펼쳐진 많은 편집일과 꽉 막힌 경제 상황! 직장과 일을 병행해야 하는 고달픔! 아! 초기에 하나님께서 그렇게 폭풍처럼 쏟아 부어주셨던 감동의 은혜는 이슬처럼 햇볕에 말라버려 나의 가슴은 재만 남아있는 것처럼 되어버린 느낌이었다. 그런데도 하나님의 주신 잿더미 속 불씨는 여전히 가슴에 남아 있어 하나님의 도우심만을 간절히 기다리며 겨우 숨을 쉬고 있었다.

이즈음 경제적 도움이 가장 절실할 때 나를 도와주었던 북경의 두 집사님을 잊을 수가 없다. 한 분은 북경에서 나의 구역장이었던 김집사님으로 어느 날 갑자기 문득 전화를 걸어오더니 자신의 집으로 한 번 방문을 오라고 한다. 생각 없이 문을 노크하며 방문한 나에게 그녀는 900만 원어치의 책을 사고 싶다며 그 책들을 국내 미자립 교회로 보내라고 하는 것이 아닌가! 더구나 책값은 정가로 계산해 달라고 한다.

표면상으로는 미자립 교회에 보내는 것이지만 사실상 나의 어려운 재정을 돕기 위해 하는 일이라 감사하기도 하고 너무 미안했다. 다음 세대에 대한 하나님의 관심이 얼마나 크신지를 아는 분이시라 정말 고마움 이전에 존경스러웠다. 돈이 있다고 해서 누구나 이런 마음을 가지는 것은 아니며 또 하나님이 가지시는 방향을 정확히 읽고 있는 잠자지 않는 영성을 가진 분이라 더욱 귀했다.

다른 한 분은 정집사님으로 북경 주재원 1차 생활 때 친분을 쌓고 계속 왕래를 하며 서로 기도해 주는 친한 지인이자 언니와 같은 분이셨다. 정집사님은 정말 경제적 상황이 넉넉한 분이 아니셨다. 구약 성경동화가 나오자마자 자신이 힘들게 번 월급을 쪼개서 책을 주문하며 친한 지인이 사역하는 작은 교회에 기부하고 싶으니 그쪽으로 책을 보내달라고 하셨다.

정집사님의 경제상황을 알기에 책값을 받는 것이 정말 부담스러웠는데 정집사님은 자신이 책을 샀다는 생각보다 책이 가야 할 곳에 하나님 말씀을 보낸다는 소명으로 생각하고 간간이 책을 사주어 여러 교회에 보내주셨다.

친했던 지인들이 가끔 연락을 주시며 요즈음 어떻게 지내냐고 물어보실 때는 정말 말하기가 몹시 어려웠다. 솔직히 말하려면 우리의 곤고한 경제 상황을 말하지 않을 수 없으니 그분들에게 심리적 불편을 드리고 싶지 않아 사실상 모든 인간관계가 거의 멀어지게 되었다. 시흥에 사는 한 친한 친구가 카톡을 자주 보내주었는데 거의 답장을 보낼 수가 없었다. 지옥처럼 힘들게 느껴지는 나의 현실을 말하기가 싫었고 만나려는 마음의 여유조차 가질 수 없기에 차일피일 미루다 친구들과 차츰 연락이 끊어지더니 이제는 교회에서 만났던 분들만 내 주변에 남아있다는 생각이 든다.

내 앞에 계실 것만 같았던 하나님은 이제 찾아뵐 수도 없고 기도를 할 때도 나 혼자 독백하고 있다는 절망감이 불현듯 고개를 들기 시작했다. 칠흑같이 컴컴하게 어두운 밤! 하나님 당신은 어디 계십니까? 저를 지켜보고 계시나요?

4

5년여 가까이 만져보지 못한 남편의 월급

성경동화 제작이 시작되면서부터 지금까지 계속 남편 월급을 받아 본 적이 없다. 남편의 재정은 거의 대출이자와 월세를 내면 남는 것이 없기 때문이다. 하루에 한두 번 이상 꼭 스쳐 가는 생각 중 하나가 '언제 남편에게 빚진 것을 다 갚을 수 있을까?'라는 생각이다.

나의 경제 관리의 무능 때문에 남편에게 피해를 주었다고 생각하니 항상 미안하고 빚진 마음을 내려놓기가 힘들었다. 아무리 목표가 좋아도 과정에서 방법이 지혜롭지 못하거나 과정이 합리적이지 않다면 그것은 고스란히 상대방에게 짐이 되고 본인 또한 자긍심을 가지기 어렵기 때문이다. '과연 지금 내가 선택해서 가는 길이 맞더라고 방법론적으로 하나님 보시기에 바르게 가는 것인가?'라는 고민이 항상 나의 마음을 압박했다.

제1차 북경 주재원 생활 때 한글학교에서 일한 적이 있었다. 그때 한글학교 재정관리를 해주신 분이 계셨는데 그 분을 통해 '목표는 좋았으나 방법론에서는 아니다!'라는 사건을 겪은 적이 있었다. 그분은 비즈니스로 선교활동을 하려 중국에 왔고 또 좋은 뜻으로 한글학교 재정 관리도 해주셨는데 본인 개인사업의 진행상황이 여유롭지 못하자 나쁜 마음으로 한 것은 아니지만 본인의 일에 공적 재정을 투입해 임시변통을 한 일이 발생했다. 이 일이 알려지자 교육관계처 상부에서 직접감사를 해서 그 재정을 다 환원하도록 하였고 마무리는 잘 해결되었지만, 이것은 나에게 인상 깊은 일로 줄곧 마음에 새겨졌다.

하나님 일을 한다고 생각하는 사람들이 경계해야 할 여러 주의할 점들이 이 일에서 다 보였다. 나의 뜻과 생각은 좋지만, 이 일을 한다고 남편의 미래 퇴직금까지 끌어서 하는 것이 맞는가? 라는 고민이 항상 따라왔다.

이 문제는 하나님께서 나에게 주셨던 감동과 은혜와는 다르게 다가온 정말 현실적이고 가장 냉철하게 판단해야 할 문제였다. 물론 지금 돌이켜보면 '이 성경동화를 만드는 일이 왜 생초보인 나에게까지 오게 되었을까?'라는 의문은 금방 풀린다. 큰 출판사에서는 너무나 자체분석이 정확하고 합리적이라 긴 시간을 들여 흑자 가능성이 낮은 성경동화에 많은 자금을 투입하기가 어렵다는 것이 나의 생각이다. 제작 능력도 뛰어나고 자본도 갖추어졌으며 전문적인 인력도 충분하지만, 손해를 감수할 수는 없기 때문이다. 그런데 재정적인 뒷받

침도 없고 출판 쪽으로 전혀 문외한이며 더구나 직장까지 다니는 시간적인 여유까지도 전혀 없는, 게다가 성경적인 지식과 지혜도 한참 부족한 나에게 이런 일이 오게 되었을까?

인간적으로도 연약하고 눈에도 안 띄는 사람! 사회적으로도 평범한 사람이 이 일을 한다면 과연 누가 믿을까? 이 일을 통하여 우리가 헤아릴 수 없는 하나님의 관점은 무엇일까?

5
체력의 한계는
어디까지일까?

2016년 8월 명예퇴직을 할 때까지 몇 년간을 무리하게 견뎌온 나의 체력은 날이 갈수록 심각하게 바닥까지 다운이 되는 느낌이었다. 새벽기도를 가기 위해 일어나는 시간은 새벽 4시 45분! 교회를 다녀오면 거의 6시 25분 정도가 되었다. 곧장 집에 도착하자마자 남편이 먹는 과일채소 주스를 믹서에 갈아서 만들어 주고 나면 7시가 다 되니 사실상 쉴 시간은 거의 없었다. 간신히 15분 정도 잠시 뜨거운 돌침대에 몸을 데운 후 무거운 몸을 민첩하게 일으켜 세워 속도감 있게 시어머님 식사를 신속히 차려야 하므로 7시 20분에는 정확히 어머님 반찬을 준비하여야 했다.

어머님에게 식사를 차린 후 정신없이 출근준비를 하고 학교 교실에 도착하면 거의 8시 20분 정도가 되었다. 아침 1교시 수업이 9시에 시작되고 실질적 퇴근을 5시에 하면 부랴부랴 챙겨서 사무실에 도착하더라도 간신히 5시 반 정도가 되었다. 이때부터 직원들이 온종일 작업한 것들을 살피고 내일 할 지시 사항을 내리면 저녁 7시는 어쩜 그렇게 빨리 오는지! 직원들이 퇴근하면 나의 실질적인 사무실 퇴근은 9시부터 10시 사이에 이루어진다. 집에 귀가하여 밀린 집안일을 후다닥 정리하고 씻고 나면 거의 11시가 넘기 때문에 수면 취침시간이 12시가 넘는 경우가 허다하게 생겨 늘 잠이 부족하였다.

학교에서 아이들과 수업을 하는 동안은 전력을 다해 체력집중을 하지만 아이들이 하교한 후 오후 3시 이후가 되면 이미 나의 체력은 바닥이 나기 시작했다. 가장 견디기 힘든 마의 시간은 4시다. 이때 나의 정신은 흐릿해지고 비몽사몽이 되는 경우가 많아 오후 4시에는 무조건 책상에 앉아 눈을 잠시 감은 후 조용히 휴식을 잠시 취하지 않으면 견디기가 어려웠다. 새벽기도가 없는 토요일이나 일요일에 잠을 7시나 8시까지 자두지 않으면 일주일을 견디기는 무리였기 때문에 사람을 만나는 것을 거의 피하였다.

토요일이나 일요일에도 시어머님의 아침 식사시간에 맞추어 일어나려면 8시 이후까지 잠을 자는 것은 현실적으로 어렵기 때문에 토요일, 일요일에는 방해를 받지 않고 숙면을 하고 싶지만 사실 거의 이루어지지는 못했다. 살면서 깨닫게 되는 것이 나이가 든다는 것은 누리는 것보다 해야 할 일이 많다는 것이다.

이렇듯 평일의 수면시간이 평균 4시간이 안 되는 생활을 거의 몇 년을 하다 보니 나의 체력은 떨어질 대로 떨어져 오후 이후로 사람들을 만나는 것이 무척 힘든 일이었다. 또 사람과의 대화가 1시간 이상 길어지면 피로가 순식간에 몰려와 몸이 부대꼈는데 상대방에게 이런 몸의 상태를 표현하지 않기 위해 억지로 자세를 유지하는 것도 상당히 버거운 일이었다.

시어머님은 93세가 넘으신지라 너무나 연로하셨다. 본인의 틀니로 반찬을 제대로 씹을 수가 없어 모든 반찬은 부드럽고 물렁물렁해야 했다. 또 국에 건더기가 있으면 못 드시기 때문에 최근 3년여 동안은 어머님께 아침마다 국물만 있는 뜨거운 설렁탕을 드렸다. 시어머님의 식사는 아침마다 정해진 고정메뉴가 있었는데 부추전과 달걀말이 그리고 도토리묵 간장 무침이다. 아침마다 도토리묵을 채 치듯이 가늘게 하여 두 수저 정도의 양을 전자레인지에 돌려 무르게 한 후 간장, 통깨, 참기름만 넣고 저어 놓으면 딱 어머님이 식사하시기에 알맞은 도토리묵 간장 무침이 되었다. 어머님은 이 도토리묵을 설렁탕 국물에 부어서 밥과 같이 말아서 드셨다. 부추전은 거의 일주일 분의 양을 만들어 놓는데 아침마다 말랑하게 부쳤고, 달걀 두 개에 대파 채를 넣은 것에 메밀 간장소스 2T를 넣어 만든 달걀말이는 어머님이 거의 매일 드시는 유일한 반찬 메뉴였다. 고춧가루 음식을 못 드시는 시어머님에게는 이 두 가지는 너무나 소중한 음식이었다.

설렁탕은 두 달 반 정도에 한 번씩 사골을 사서 거의 일주일 동안을 끓어야 했다. 낮에는 직장을 다니니 내가 끓일 수 있는 시간이 평일에는 10시 이후의 밤에만 가능했고 토요일, 일요일엔 낮에만 할 수 있어 다른 주부들처럼 며칠 안에 연이어 계속 끓일 수 있는 상황이 아니었다. 따라서 매일 밤에만 꼬박 일주일 이상 설렁탕을 계속 끓여야 했다.

늦은 밤까지 끓인 설렁탕은 아침이 되면 기름이 하얗게 굳게 되는데 이때 기름을 모두 걷어서 제거하고 남은 뽀얀 국물만을 비닐 팩에 담아 김치냉장고나 주방의 냉장고에 보관한다. 완전히 다 끓인 후 설렁탕 국물을 비닐에 넣은 덩어리 수를 세어 보면 거의 14-16개의 팩이 된다. 나중에는 이 비닐에 있는 설렁탕을 다시 뜯어 큰 그릇에 모두 합친 후 고루 섞이도록 저어야 한다. 처음 끓인 설렁탕과 맨 나중에 끓인 설렁탕의 농도가 다르기 때문에 같이 합쳐서 섞지 않으면 비닐 안에 넣은 설렁탕의 맛과 농도가 균일하지 않은 것이다.

큰 대야 같은 그릇을 펼쳐놓고 설렁탕을 골고루 섞어 저은 후 이것을 다시 새로운 비닐 팩에 나누어 담는 일은 정말 큰 대사였다. 정성을 들이지 않으면 자칫 비닐이 터져 흘러버리는 등의 낭패가 오기 때문에 많은 시간과 힘이 들어갔다.

이렇게 비닐 팩에 담은 설렁탕을 모두 냉동실에 한꺼번에 저장하기는 어렵다. 한정된 공간이므로 일단 반 정도만 냉동한 후 꽁꽁 얼고 나면 언 것들을 다시 김치냉장고로 가져가 임시 보관하고 반대로 냉장고에 있는 나머지 설렁탕 비닐 팩을 다시 얼려야 했다.

이렇게 하면 매일 어머님이 드시는 설렁탕은 두 달 반 이상 편하게 식사하실 수 있게 준비되기 때문에 우리 집은 김장준비보다 설렁탕 끓여서 냉동하는 작업이 더 큰 주방의 일이었다.

퇴근 후 사무실로 출근하여 늦은 밤 퇴근하고, 학교에서의 아이들과의 수업시간 체력전 그리고 시어머님 부양 등의 세 가지 일들은 시간이 지날수록 나의 체력적 한계를 더 떨어지게 하였다.

어느 날, 문득 '아! 하나님은 이렇게 바쁜 사람에게 하필 성경동화 제작을 만들게 하셨을까?'라는 깊은 신음을 내게 되었다. 쉬고 싶다는 생각도 끊임없이 들었지만, 주사위는 이미 던져졌고 이제 마무리를 해야 하는 것이다. 이것이 나이 든 사람이 해야 하는 일인 것이다. 그러나 이렇게 당장 쓰러질 것만 같은데도 하나님께서는 또 내일이면 일어날 수 있는 기도의 시간을 허락해 주시고 불러주셨으니 정말 어떤 것이 기적이었을까? 아픈 사람이 낫는 것이 기적일까? 쓰러질 것만 같은 사람을 기도로 불러주시는 은혜가 기적일까?

역시 험난한
신약편집과 인쇄과정

1
역시 힘들었던
신약원고의 각색

신약원고는 구약원고가 끝날 때부터 2016년 하반기까지 완성되었으니 기간적으로는 사실상 3년 반이 걸린 것 같다. 대부분 예수님의 설교말씀과 뒷부분으로는 바울의 서신서가 주축인지라 구약보다 내용적으로 훨씬 더 어려웠으니 글을 쓰신 목사님께서도 정말 남들이 이해 못 할 많은 고뇌와 갈등을 가졌으리라 본다.

신약원고에서 가장 어려웠던 점은 글 내용이 일단 구약의 연대기적 내용보다 어렵다는 것이고 글 진행방향도 설교말씀 중심이다 보니 글 내용 자체가 많이 딱딱하게 느껴졌다. 이미 글 작가이신 오목사님은 구약원고를 많이 쓰시면서 문장 실력이 예전보다 많이 다듬어져 있었다. 따라서 표면적인 글다듬기 자체는 많이 필요하지 않았지만 글 내용의 자체 연결을 부드럽게 해야만 하는 과제가 발등의 불로 떨어졌다. 자칫 이 문제를 소홀히 하면 동화가 아닌 설교말씀 축소판이 되어버려 아이들이 쉽게 접하기가 어려워지기 때문이었다. 감수하신 담임목사님께서도 원고를 읽으시다 어렵게 느껴지는 곳에는 아이들이 이해하기 어렵겠다는 표시를 드문드문하였고 남편과 사무실 직원들도 이 문제 제기에는 거의 의견을 일치하였다.

아! 어떻게 이 신약원고 각색의 난관을 극복하고 나갈 수 있을까? 구약원고는 정말 글을 다듬기만 하면 되었지만 신약원고는 글 내용의 중요한 기둥 자체를 유지하면서 부드럽게 연결해야 하는 이중의 어려움이 있었다. 원고를 보는 분마다 아이들에게 어렵다고 말씀하니 그야말로 편집 입장에서는 큰 산이 가로막고 있었다. 게다가 성령, 회개, 전도, 영광, 존귀 등 아이들이 이해하기 어려운 낱말들이 많이 나왔고 이런 말들은 딱히 쉬운 다른 말로 대체할 단어가 없어 고민의 연속이었다. 고심 끝에 대체 불가능한 단어들은 그대로 놔두고 연결되는 문장들만 먼저 더 쉽게 바꾸기로 하였다.

글 작가님과 조율과정에서도 구약에서보다 더 많은 갈등과 부딪힘이 돌출되어서 어떨 때는 정말 이 일을 내려놓고 싶을 만큼 속이 상하고 마음이 침체되었다. 성경동화 제작을 하면서 많은 영역의 사람들을 만나고 그분들과 조율하고 부딪히는 숱한 일들이 얼마나 많았으랴마는 가장 난관이 원고조율이었다.

작가님 입장에서는 글이 다소 어렵더라도 될 수 있는 대로 안 고치면서 성경적인 내용을 담고 싶어 했지만, 현실적으로는 아이들이 이해하지 못하는 책이라면 만드는 목적의 의미가 없기 때문이다. 문고

판 도서로 만드는 것이 아니라면 아이들 눈높이에 맞추어야 하는 것이 올바르기 때문이다.

가끔 '하나님께서 왜 그 실력 있는 쟁쟁한 교정 작가들에게 이 원고를 맡기지 않고 우여곡절 끝에 나에게까지 이 글을 다듬게 하였을까?'라는 질문을 스스로 던져볼 때가 많이 있었다. 처음 구약 동화원고를 시작할 때 두 번의 각색이 실패 보았기 때문에 이젠 선택의 여지없이 당연히 사무실에서 자체적으로 해야겠지! 라는 생각을 했지만 돌이켜 보니 하나님께서 이렇게 인도하신 이유는 너무나 단순명료했다. 초등학교에서 많은 아이들을 접한 직업을 가진 나의 눈에는 아이들이 이해하기 어려운 문장들이 동물적인 본능처럼 한눈에 보였고, 따라서 이 글은 반드시 초등학교 1학년 기준으로 읽을 때 술술 물 흐르듯이 편안하게 넘어가는 글로 다듬어져야 한다고 결심을 하게 되었다.

성경동화 글은 막연히 문학적으로 부드럽다고만 해서 되는 것도 아니고 또 성경적인 글이라는 이유로 아이들에게 다소 어려워서 잘 읽히지 않더라도 괜찮다! 라는 식의 글로 되어서는 더더욱 안 되었다. 결론은 확실하였다. 다소 문학적이지 않더라도 글은 쉬워야 하며 더불어 성경적인 내용이라도 꼭 부드럽게 읽혀야만 했다. 그러니 정말 어려운 일이고 그 누구에게 맡겨도 정답은 안 나오는 상황이었다.

구약동화처럼 우선 내가 편집 마무리를 할 때까지 계속 글을 보며 또 다듬고 다듬는 수밖에 없었다. 이 시기에 반복되는 문장이나 생략이 필요한 문장을 과감하게 줄여준 분이 우리 부부를 만나게 해

준 장선생님이었다. 장선생님은 내가 첫 학교 근무지에서 만난 분으로 바로 옆 반 선생님이었는데 글을 보시는 안목도 높고 성경적인 지식도 해박한 분이시라 정말 많은 도움을 주셨다. 마지막으로 근무한 학교의 신우회 회장 김선생님은 신학적인 관점에서 글을 읽으신 후 문장을 이모저모 점검해 주셨고 특히 우리 담임목사님께서도 그 바쁘신 와중에도 꼼꼼한 감수를 해 주셔서 신약원고의 복잡한 난관을 헤쳐 나갈 수가 있었다.

나중에 신약동화가 인쇄된 후 책을 읽은 장선생님은 "아이고, 영란 씨! 걱정 많이 했는데 그래도 글이 읽히고 넘어가네!"라며 전화를 주셔서 정말 안도감을 느꼈다. 쉽게 읽혀지지 않을까 봐 정말 노심초사 걱정이 많았는데 이렇게 말해주시니 너무 감사할 뿐이었다.

2
떠나려거든 나를
가르치고 떠나요!

2016년 봄부터 사무실로 오는 신약원고의 속도가 늦어지자 그림 발주도 더디었고 따라서 실질적으로 6월부터는 두 직원이 신약편집을 하는 양이 사실상 많이 줄어들었다고 앞에서 언급했었다. 젊은 친구들이라 더 나은 직장에 대한 열망도 있을 것이고 여태껏 지내온 정으로 우리 사무실 편집 일을 계속한다 해도 이런 상황은 그들에게 너무 답답했을 것이다. 판매가 시원하게 쑥쑥 되어서 경제가 나아지는 것도 아니고 자신들이 월급을 받는 것이 이런 상황에서는 불편한 마음도 들었던 것 같다.

두 직원은 8월부터 이직을 준비할 테니 새로 오는 직원 영입을 준비하는 것이 좋겠다고 했다.

"실장님! 저희는 가나안에 들어가지는 못하고 광야에 머무를 것만 같아요! 저희가 이런 생각을 하는 것도 다 하나님 뜻이 있는 것 같으니 잘 생각해 보시고 준비하는 것이 좋을 것 같아요! 저희도 지난 4년간 꼭 무엇에 홀린 것처럼 여기서 일한 것 같아요"라는 말을 나직이 한다.

사실상 이런 말을 들은 나는 마음이 매우 복잡하였다. 마음속으로 한편으로는 아쉽고 또 한편으로는 손에 모래가 빠져나간 듯이 스산한 마음이 가슴을 저미었다.

우리 세 사람은 4년 동안 비가 오나 눈이 오나 항상 호흡을 맞추며 같이 일해 왔기 때문에 좋은 상황이 오면 같이 영위하고 싶었고 하나님이 일을 주신다면 계속 좋은 관계로 있고 싶었다. 이 두 자매가 아니면 신약편집을 누가 완성할 수 있을까? 라는 불안감도 들었기 때문이다. 이제 헤어질 때가 온 것이다. 깊은 잠을 이룰 수가 없었다. 핵심 본부인 편집 인력이 존재하지 않는다면 누가 성경동화를 마무리할 것인가?

여름 방학이 곧 오자 매일 정상출근이 가능해진 나는 두 직원에게 나에게 직접 포토샵을 가르쳐달라고 말하자 두 사람은 깜짝 놀랐다. "한 번 날 가르쳐 봐요! 그래야 비상 상황 시에 내가 편집을 할 거 아니에요?" "네? 실장님이요? 호호 알았어요! 그럼 가장 간단한 것부터 저희가 설명하고 또 숙제도 낼 터이니 아침에 출근하면 점검할게요!"

숙윤씨가 먼저 가장 기본적인 도구의 명칭을 설명하고 우리가 실제적으로 편집할 때의 도구 사용방법을 일일이 작업하면서 전수해 주었다.

두 직원이 만든 포토샵 작업 단축키를
인쇄하여 벽에 붙임.

몇 년간 나는 포토샵을 잘 할 줄 모르는 채 항상 '명암을 넣어라, 크기를 줄여라, 투명도를 높여라!' 등의 지시 상황만 내렸다. 그런데 막상 내가 상세하게 일일이 지시 내린 것들을 이제 내가 직접 도구를 이용해서 그림 화면을 만들고 변화시켜야 하는 상황이 되어버렸다. 명령어들을 인쇄하여 앞에다 붙여놓고 작업하면서 외웠고 가장 간단한 화면 줄이기, 복사하기, 물체 자르기, 합치기, 물체를 따서 윤곽선을 다듬기 등 기초 작업을 연습했다.

직원들이 퇴근 후 포토샵을 하다 보면 거의 밤 10시가 되었고 집에 가면 11시가 다 되어 정말 씻고 자면 12시가 넘는 날들이 많았던 것 같다. 직원들에게는 그냥 가볍게 배우는 것처럼 말했으나 나의 가슴엔 이 일을 배우지 못하면 편집을 독립할 수가 없다는 비장한 마음이 깔려 있었다. 막히는 작업은 반드시 아침에 직원들에게 다시 한 번 수업을 받고 반복하여 복습해 마무리를 완성했다.

놀라운 것은 컴퓨터를 잘 모르는 아줌마였던 내가 그것도 정말 복잡한 포토샵 작업을 하나씩 하나씩 배워가며 성경동화 편집을 하게 되었다는 것이다. 우리 모든 가족은 깜짝 놀랐다. 특히 딸은 나의 컴퓨터 실력을 알기에 그저 입을 딱 벌리며 "세상에! 엄마가 포토샵을 하다니! 기적이군! 기적이야!"라고 말하며 혀를 찼다. 생각해 보면 몇 년간 직원들 옆에 앉아서 지시사항을 말하며 두 사람의 작업하는 화면을 꼼꼼히 지켜본 것이 큰 도움이 되었다. 어떤 작업을 들어갈 때 효과적인 결과가 나오면 그때마다 "어떻게 한 거예요?"라고 물으며 의문점을 가진 것이 내가 직접 작업할 때 이렇게 이해하는데 수월한 점이 되었다. "소연씨! 그때 그렇게 한 것 어떤 도구로 한 거예요?"라고 물으면 친절한 직원들은 정말 상세히 설명해 주었다.

직원들이 퇴근하면서 나에게 내준 숙제들은 처음에는 캐릭터 오리기, 복사하여 자연스럽게 연결하기 등 주로 단순한 작업에서 점점 전체 배경화면의 도장 스탬프 기능까지 섬세한 표현을 요구하는 숙제로 이어졌다. 출근한 직원들이 "오! 실장님! 정말 잘하셨네요! 이제 저희가 간섭하지 않아도 되겠어요!"라고 칭찬받으면 그 날 하루는 즐거워서 밤늦게까지 일해도 피곤하지 않았다.

3

포토샵에서
인디자인으로!

가장 많이 연습한 것은 캐릭터를 따서 외곽선을 다듬고 지우는 작업이었는데 단순하지만, 시간이 오래 걸리는 작업이었다. 만약 이 작업을 대충 하면 깨끗하지 못한 윤곽선 때문에 나중에 지저분한 느낌의 물체를 보게 되니 정말 꼼꼼히 해야 하는 가장 단순하지만 미련스럽게 일해야 하는 기초 작업이었다.

이 기초 작업을 하는 데는 정말 많은 시간과 인내가 필요했다. 평소에 컴퓨터는 한글 작업 밖에 안 한 내가 비주얼 작업을 하려니 이만저만한 고충이 따라오는 것이 한두 가지가 아니기 때문이다. 8월부터 배운 포토샵의 작업 중 가장 고난도 하이라이트는 도장 스탬프 기능이었다. 원화 그림을 판형에 맞추다 보면 대각선으로 확대되거나 축소되기 때문에 주변 테두리가 어쩔 수 없이 여백이 생기게 된다.

따라서 화면의 테두리 여백을 메꿀 때는 그림의 면적 일부를 복사하여 붙이기보다 스탬프 기능을 이용하여서 하는 것이 더 자연스러워 이 기능을 많이 연습했지만, 처음에는 잘되지 않았다. 나중에 이유를 분석해 보니 스탬프 복사기능에서 처음 표시를 클릭한 곳에서부터 복사되는 방향을 잘 알아야 자연스러운 스탬프 기능의 세련된 작업을 할 수가 있었다. 처음 출발하는 곳에서부터 복사되는 방향의 십자가 표시를 집중해서 잘 보아야 했다.

자신감이 조금씩 생기게 되자 이제 직원들이 이미 작업한 원화 내지 그림의 모든 화면을 처음부터 다시 살펴보게 되었다. 그런데 화면을 넘기면서 이번 신약그림 화면이 구약에 비해 무엇인가 조금 더 답답한 느낌이 든다는 생각이 문득 들었다. 꼼꼼히 살펴보니 구약에 비해 신약그림 화면이 다소 여백 배경이 더 적다는 것이 느껴졌다. 화면을 원화랑 비교해 보니 공통적인 특징들이 발견되었다.

원래 그림 화면 치수는 대각선 비율 방향으로 드래그를 하면서 크기를 조절하는데 화면을 줄이면 사방 사면으로 메꿔야 할 여백이 많이 생긴다. 따라서 두 직원이 다소 편하게 편집하려는 경우에는 그림 크기를 아예 크게 늘린 후 테두리를 잘라버리는 경우가 있었다. 이렇게 되면 원화 그림이 전체적으로 다 못 들어가고 테두리 배경이 잘려져 결국 전체 그림이 여백이 줄어드는 답답한 그림 화면이 되기 쉬웠다.

구약보다 답답한 느낌이 드는 이유가 발견되었으므로 난 직원에게 물을 필요 없이 판형을 기준으로 그림이 그 안에 들어올 수 있도록

왼쪽-원화 그림.

오른쪽-원화 그림에서 가방과 하늘,
바위그림의 면적을 늘렸음.

비율을 다소 줄였다. 이럴 경우는 내가 다시 그림 치수를 줄인 후 그
여백을 메꿔야 했고 배경의 테두리 여백 면적이 많게 되자 작업시간
도 덩달아 많이 걸렸다. 그리고 옆 테두리 배경을 스탬프 복사기능으
로 움직여 자연스레 메꾸고, 그림의 캐릭터들의 옷이나 건물들 일부
도 이어짐을 자연스럽게 만들어 주니 조그만 차이지만 이렇게 완성
된 그림들은 훨씬 안정감이 있고 보기 좋았다.

　다음 날 출근한 숙윤, 소연 씨는 달라진 내지그림 배경 때문에 깜
짝 놀랐다. "실장님! 이젠 너무 잘해서 저희가 관여 안 해도 되겠어
요! 호호"하며 칭찬을 해주어 얼마나 기쁜지 몰랐다. 밤 10시까지 포
토샵 작업을 거의 3개월 이상 하고 나니 어느덧 편집의 시각적 작업
을 나의 의도대로 할 수 있게 되었다. 직원들에게 말로 잘 표현이 미
묘하게 안 되었던 것을 직접 화면으로 만들어 제시하니 나의 의도를

파악한 직원들과의 소통이 원활해져 편집의 효율성이 훨씬 높아졌다.

이제 그림편집이 다 되어가니 하나둘씩 그림 파일을 책 만들기 편집프로그램인 인디자인 프로그램으로 올려놓아야 했다. 다행히 인디자인은 기본 기능이 그렇게 낯설지 않아 따라가는 속도가 포토샵보다는 무난했다. 그림파일을 내가 직접 편집하니 감회가 깊었고, 너무나 힘들어 지칠지라도 이렇게 편집을 할 수 있게 나를 고단하게 인도하신 하나님에게 감사한 마음이 진심으로 들었다.

가장 속이 후련했던 것은 신약표지의 절반을 거의 나의 의도대로 바꾸어 버려서 얼마나 기분이 좋았는지! 집으로 돌아갈 때도 몸은 피곤했지만, 마음은 깃털처럼 가벼웠다.

글 각색도 맨땅에 헤딩으로 시키시더니 그림편집도 결국 이렇게 스스로 하도록 시키셔서 앞으로 어디까지 내가 해야 할 영역이 펼쳐질지 알 수 없다. 그러나 확실한 것은 편하게 앉아서 진행하는 일은 거의 없었고 앞으로도 그러할 것 같다. 조용히 앉아 떠 주는 밥을 편하게 먹으며 성장하는 것은 하나님이 원하시는 양육 방식이 아니라는 것을 이번 일에서 절실히 깨닫게 되었다. 우리가 마냥 기도만 하면 하나님께서 무조건 들어주신다는 것도 더더욱 아니다. 반드시 하나님께 기도는 하되 기도한 후에는 또 반드시 움직이며 실천해야 하는 것이다.

4

신약동화를 위해
드디어 초등학교를 떠나다

신약 성경동화 편집 제작비가 턱없이 부족한 상황은 계속 이어져 나에게 많은 좌절과 압박을 주었다. 구약판매가 더디니 따로 돈이 나올 구멍은 정말 보이지 않았다. 나는 몇 년 전부터 학교에 계속 명예퇴직 신청서를 제출하였는데 워낙 신청한 사람들이 많아서 밀리고 밀려 언제 접수될지는 알 수가 없었다. 더구나 이 시기는 연금법개정 때문에 많은 분이 서로 명예퇴직을 하려는 시점이라 근무경력 30년 이상 되는 사람도 까마득하게 밀려 잘되지 않았다. 여러 차례 신청해도 되지 않자 사실상 퇴직을 포기하는 마음이 들었고 안 되는 것 뻔히 알면서도 또한 줄기차게 서류를 접수했는데 이번엔 놀라운 일이 생겼다.

2016년 여름방학이 되자마자 8월 말에 퇴직할 수 있다는 연락이 왔다. 얼마나 가슴이 떨리고 반가웠는지! 그 이유는 딱 한 가지였다. 퇴직금을 신약제작비로 쓰면 이 압박을 견딜 수 있을 것이라는 한 가지 이유였다. 또 직원들이 이직을 준비하기 때문에 그 빈자리를 내가 메꾸려면 직장과 사무실을 더 이상 병행할 수는 없었다. 퇴직이 된다는 소식에 주변 분들도 축하해 주시고 우리 가족들도 안도의 한숨을 돌렸는데 그러나 이 놀랍고 흥분된 기분은 그리 오래 가지 못했다.

명예퇴직 발표 며칠 후 내가 신용대출을 받은 은행들의 사무실에서 곧장 재촉 전화가 왔다. 그동안 내가 은행에서 신청한 신용대출을 모두 갚아야 한다는 것이다. 이런! 직장을 떠나면 신용대출을 모조리 다 갚아야 한다는 사실을 알지 못했던 나는 너무나 당황스러웠다. 그러나 어쩌랴! 퇴직금으로 신약제작비를 대려던 나의 계획은 모두 물거품이 되고 만 것이다. 시린 가슴을 부여잡고 신용 대출을 갚고 나니 정작 남은 돈은 신약동화 제작비에 거의 도움이 되지 못했다. 정말 단돈 1원을 만져보지도 못하고 은행에 갚고 나니 퇴직금이 너무나 허무하게 느껴졌다.

아까워서가 아니라 신약제작비에 도움이 못 되니 앞으로의 갈 길이 까마득하고 도대체 이 상황에서 신약제작을 마칠 수는 있을지 길이 보이지 않았다. 여기에 직원들 이직까지 겹쳐지니 갈수록 산이 막히고 막힌 심정이었다. 오직 매달리고 간구할 분은 하나님 한 분밖에 없음을 고백하며 나의 기도는 더욱 비장한 간구로 이어졌다.

5

떠난 숙윤씨! 일주일에
오후에만 두 번 오는 소연씨!

2016년 9월 두 직원 중 소연씨가 먼저 사무실을 내려놓았다. 국가가 보조비를 지급해주는 학원에 다니면서 본인에게 알맞은 직장을 알아보겠다는 것이다. 소연씨는 당장 사무실 편집이 공백이 비니 10월 한 달은 쉬고 11월 초부터 일주일에 두 번만 오후에 나와서 도와주기로 하였다. 먼저 한 달을 푹 쉬고 오겠다고 하니 그냥 떠나는 것보다는 훨씬 안심이 다소 되었다.

숙윤씨는 10월이 되어 이력서를 냈는데 곧장 합격하여 며칠 후 새 직장으로 이직을 하였다. 소연 씨가 11월부터 오후에 두 번 만 온다 하니 사실상 10월은 나 혼자 근무를 하는 상황이 되어버렸다. 다시 혼자 사무실을 지키는 상황이 오니 여러 가지 착잡한 생각과 더불어 신약동화가 마무리나 될 수 있을까? 라는 회의가 들기 시작했다.

이 시기에 나머지 신약원고를 받고 멈추어졌던 신약 그림을 다시 발주했으며 일부 그림이 완성해서 돌아오면 신속히 스캔하는 제작소로 보냈다. 이어서 받은 그림파일로 포토샵 편집을 들어간 시기라 밤까지 쉬지 않고 작업을 해야 했다.

너무나 긴? 10월이 몇 달처럼 지나갔다. 한 달 동안 쉬었던 소연씨가 11월 둘째 주부터 일주일에 두 번만 오후 2시부터 7시까지 작업을 해주게 되었다. 그나마 인력이 조금 보충이 되니 다소 숨통이 트여 나의 작업이 전보다 효율성을 높일 수 있게 되었다. 그러나 오후에 두 번만 와서 도와주다 보니 작업시간이 턱없이 부족해 나의 작업노동량은 상대적으로 많아졌고 거의 밤 10시 넘어서까지 일을 하고 귀가하게 되었는데 너무 체력적인 한계가 느껴져 인내와 또 인내를 거듭할 수밖에 없었다.

이때 특히 신약표지의 절반 이상을 두 직원이 원래 했던 것을 새롭게 바꾸었는데 역시 내가 마음에 들면 상대방도 마음에 드는지 소연씨도 대부분 OK 사인을 해주었다.

6

한 달 '하나님이 잠깐 call 한 숙윤씨!'

2016년 10월에 다른 회사로 이직했던 숙윤씨가 새로운 변화가 생겼다. 숙윤씨의 회사가 2017년 1월부터 파주로 옮기게 될 예정이라 그곳까지 긴 거리를 출근하기가 무리이므로 숙윤씨는 하는 수 없이 회사를 두 달 만에 그만두고 다른 곳을 알아보게 되었다.

이 소식을 들은 나는 얼른 연락해 다른 곳을 알아볼 때까지만 우리 사무실에 임시 근무를 했으면 좋겠다고 부탁을 했다. 배려심이 많은 숙윤씨는 쾌히 승낙했고 2017년 1월 초 이후부터 거의 한 달 동안 다시 우리 사무실 출근을 하며 신약편집을 임시로 도와주었는데 이 일은 하나님의 도우심이라고 표현할 수밖에 없다. 거의 혼자 밤늦게까지 일을 하면서 버티어 온 나로서 너무나 단비 같은 일이었기 때문이다.

소연씨가 이 상황을 보더니 "하나님이 다시 부르신 것 같아요!"라며 웃으면서 농담으로 말하였지만 사실 맞는 말이었다. 이 기간 동안 나는 최대한 신약을 마무리 짓지 않으면 안 되었다. 이 기간에 오목사님이 주신 신약부록 원고검수와 인디자인 편집, 그리고 바울의 전도여행 지도를 포토샵으로 완성하게 되었으니 얼마나 고마운 일인지 하나님께 너무나 감사했다.

바울의 전도여행 1차부터 3차 지도는 포토샵 작업시간이 정말 많이 걸리는 작업이어서 일주일에 오후에만 두 번 오는 소연씨가 혼자서 하는 것은 무리가 있었다. 하나님이 주신 황금 기간 한 달이 끝나자 정말 숙윤씨는 다시 본인이 바라는 곳에 합격이 되었고 통지받은 그 날부터 삼일도 못 되어 새 직장으로 출근을 하게 되었다.

한 달만 하나님이 다시 부른 천사는 이제 영영 사무실을 떠난 것이다. 2017년 2월 초부터 다시 낮에 혼자 편집을 주로 하게 되어 이 두 사람의 공백이 다시금 느껴졌고 신약편집 마무리를 더욱 서둘러 해야만 하는 다급함이 가슴을 눌렀다.

7

너무나! 너무나 힘들었던
중국어 병음 편집

2015년 구약 성경동화 중국어 부록이 나올 때 숙윤씨가 문득 이런 제안을 하였다. "실장님! 저희처럼 중국어를 모르는 사람이 이 부록을 보면 발음을 하나도 모르잖아요? 이왕 만드는 김에 발음을 넣으면 중국어 공부에도 도움이 되지 않을까요?"라며 내가 전혀 생각하지 못했던 의견을 말하였다.

일리가 있는 제안이라 신약동화 중국어 번역에 들어갈 때부터는 번역하는 분에게 미리 부탁을 하였다. 또 구약 중국어원고도 다시 병음을 표시하도록 조처를 하였다. 나름대로 실력이 있는 분이 하는지라 아무 걱정도 하지 않았다.

2017년 2월 드디어 신약 성경동화 병음표시가 된 원고가 왔을 때 너무나 기뻤는데 사실 처음엔 이 원고에서 병음이 틀린 것이 발견되리라고는 전혀 생각하지를 못했다. 발음을 표시해준 중국인 본인이 사용하는 모국어인데 설마 발음이 틀린 것이 나오리라고는 아예 생각조차 못 한 것이다.

그런데 막상 뚜껑을 열어보니 예상과 달리 발음이 잘못된 것들이 많았다. 중국어의 일부분 한자들은 그 뒤에 오는 한자의 성조에 따라 같은 한자라도 성조의 변화가 다르기 때문에 특히 조심해야 하는데 특히 一, 不 등이 유난히 성조가 틀리게 작업이 되었다.

이때부터 한 줄 한 줄씩 검토하며 잘 모르는 것은 인터넷 외국어검색 사전에서 찾아가며 성조를 고쳤고, 발음 자체가 틀린 것도 있어서 일일이 검색을 하며 수정을 했는데 그 분량과 소모되는 시간이 예상과 달리 너무나 길었다. 한자 한자당 알파벳 발음기호의 양은 최소한 3개에서 5개 이상도 있으니 영어낱말 발음의 양보다 더 많은 것이다.

'아! 도대체 자기 나라 모국어도 이렇게 틀리면 어쩐란 말인가! 생초보인 내가 교정을 하고 있으니 이것은 무슨 상황일까?' 한숨이 저절로 나왔고 문득 구약 중국어원고를 받을 때의 힘들었던 상황들이 스쳐 가며 또다시 긴 상념에 잠기었다. 담당자분과 연락을 했더니 사실 자신들도 모든 모국어 발음을 확실히는 잘 아는 것은 아니며 가끔 헷갈리는 것도 많다고 한다. 그리고 인터넷이 다 맞는 것은 아니니 조심해야 하며 본인들도 모국어 병음이 어렵다고 말하는 것이 아닌가! 정말 별 뾰족한 대책이 따로 없었다. 구약원고 각색처럼 시간을 들여 온 몸으로 버틸 수밖에 없는 똑같은 상황이 되어버렸다. 설사 다른 분에게 맡겨도 그 사람이 우리들처럼 많은 시간을 할애하여

chéng wéi wáng de s○ luó   h○h o de t○ng zhì zhe y○ sè liè de guó
成为王的扫罗，很好的统治着以色列的国，

su y u de b○xìng   y○k ug n shé zào l○n de ku ji ngs o luó
所有的百姓，也口干舌燥般地夸奖扫罗。

qiáo   w○men de wáng zuì bàng
"瞧，我们的王最棒。"

zh○ng de yòu shuài qi   gè tou g og o de   y○ngm ng wù b○a
"长的又帅气，个头高高的，勇猛无比啊!"

1 중국어병음(한개의 한자에 따라오는 알파벳 개수가 매우 많아 검색의 시간이 많이 소요됨.
2 ○-여러 가지 원인에 의하여 원고를 불러오기 할 때 종종 병음이 누락이 되는 경우가
 많아 세밀한 검색이 매우 필요함.

자세히 해 주는 것을 기대하기는 어려울 것 같았다. 왜냐하면. 그분
들은 몇 번 정도는 볼 수는 있지만, 우리처럼 많은 시간을 소모하지
는 않을 것이기 때문이다. 하나님께서는 사무실에서 거의 나 혼자 검
색하며 해결할 수밖에 없는 상황을 다시 주셨다. 중국어 초보인 나에
게 말이다!

　인디자인 편집을 할 때 보통 다른 외국어 원고는 단순히 복사만
하여 붙이면 되는데 중국어는 병음이 따라서 오므로 복사가 아닌 이
미지로 부르는 '불러오기' 기능으로 글을 옮겨야 해서 이만저만 불편
한 것이 아니었다. 복사기능을 하지 않고 불러오기로 하게 되자 어떤
경우는 한자 위의 병음 글자가 누락이 되어 따라오는 경우도 생겼다.
그러니 인디자인에 글을 옮기도 나서도 다시 본문 원고를 보고 발음
을 비교해야 하니 정말 그 과정이 말할 수 없이 복잡하였다.

나중에 그 이유를 알아보니 원고파일 교정과정에서 사무실에 있는 세 대의 컴퓨터마다 워드버전 사양이 각각 달라서 생긴 현상이었다. 컴퓨터 세 대 중에서 딱 한 대만 병음이 누락 안 되고 나머지 다른 두 대에서 작업한 워드파일은 어김없이 병음이 빠지는 경우가 많았다. 그런데 병음교정 작업이 거의 끝나는 시점에서야 숙윤씨가 그 원인을 발견하게 되었고 고생은 고생대로 다 했으니 일찍 알았으면 더 수월할 것을! 많이 아쉬웠다.

　'굳이 안 해도 되는 것을 괜히 했나? 편집 막바지에 이 무슨 고생인가!' 사실 마음속으로는 너무 후회도 되고 밤 11시를 후딱 넘기는 상황이 올 때는 온몸의 기운이 다 빠지는 느낌이었다. 거의 두 달! 지옥과 같은 검색기간이 지나자 중국어병음은 겨우 촘촘히 채에 걸러진 듯 한자 한자씩 틀린 것들이 하나둘씩 교정이 되었다.

　'그래도 누군가는 이 발음을 보고 중국어 성경동화 공부를 하겠지!'라는 의미를 부여하는 마음을 하나님께서 주시지 않으셨다면 정말 이 병음 검수작업을 마치는 것은 불가능했다. 교정을 하는 과정 순간순간마다 '그냥 병음을 없애 버릴까?'라는 유혹이 자꾸 밀려왔지만 마음을 다잡으며 '단 한 명이 공부하더라도 하나님께서는 필요하시면 그 한 명을 위해 하시는 분이시지!'라는 생각을 하며 꾹 참고 견디었다. 지금 생각하니 정말 하나님의 주시는 지혜와 격려가 아니었더라면 이 작업은 결단코 완성되지 못했을 것이다. 연약한 내가 감당하기에 너무나! 너무나 힘든 '지옥훈련'이었던 것이다.

8
음원코드에 맞는
또 다른 편집

2017년 상반기 신약동화를 편집할 때는 2015년 1차 구약동화 때와는 다른 새로운 작업이 기다리고 있었다. 1차 때는 책 각각 해당 페이지 어디를 찍어도 똑같은 scine별 음원이 나오기 때문에 딱히 음원코드를 위해 별다른 편집을 할 필요 없이 음원파일만 음원회사에 넘기면 그뿐이었다.

그런데 이번 신약동화부터 음원회사가 바뀌기 때문에 그쪽에서 원하는 편집파일을 새로 만들어 주어야만 했다. 일단 우리가 먼저 인디자인 파일을 보내주면 펜회사에서 문장별로 줄이 표시된 파일을 보내주는데 우리는 이 파일을 보고 한글음원을 한 문장씩 나누어 달라고 음원 편집자에게 주문을 따로 요청해야 한다. 이렇게 되면 한 페이지에 적어도 음원파일이 문장별로 개수가 매겨지니 음원을 나누

- 한 문장씩 영역을 정해주면 음원펜 회사에서
  알맞은 코딩 작업을 함.
- 한 문장마다 한 개의 녹음 파일이 생성되므
  로 한 페이지에 있는 문장의 수 만큼 녹음
  파일이 생성됨.

대화글이 나오는 인물에도 영역을 표시하는 파일을 음원회사에 보내면 알맞은 코딩작업을 함.

어 작업하시는 분도 작업시간이 엄청 많이 걸렸을 것이다. 적어도 한 페이지에 문장별 음원파일이 최소한 10개 이상씩 되었고 한 권당 따지면 몇백 개는 될 것이다. 문장별로 나누어진 음원파일이 오면 우리는 일일이 파일을 열어서 제대로 음원이 나누어 끊어졌는지 직접 듣고 확인을 해야 한다. 이 작업은 많은 시간과 집중력을 요구했다. 바뀐 새 음원펜에서는 인물별로도 소리가 각각 나오기 때문에 인디자인 파일에 인물을 선으로 표시를 따로 해 주어야 했다.

소연, 숙윤씨의 이직 때문에 이 일은 고스란히 나의 몫이 되었는데 힘들긴 했지만 내가 넘어야 할 산이라 힘들다고 말을 할 수도 없었다. 이 과정에서 펜 회사직원과 많은 주고받기 교정 조율시간이 걸렸는데 거의 두 달 정도의 시간이 걸린 것 같았다.

익숙한 작업이면 그렇게까지 어렵게 생각되지 않았을 터인데 처음 해보는 작업이라 정말 이해하는데도 시간이 걸리고 자료를 주고받는 과정에서도 많은 실수가 나와 초보의 서러움을 스스로 느끼는 순간들이 너무 많았다.

9

떠나는 소연씨!

2017년 4월! 학원 생활을 충분히 했다고 판단한 소연 씨가 드디어 취업원서를 내어서 새 직장으로 가게 되었다. 숙윤씨가 떠난 후 그래도 두 달 동안이지만 일주일에 두 번 오후에 나와 3시간 반 정도 일해 준 소연씨가 편집 마무리를 해주었는데 이제 모두 떠나게 된 것이다. 소연씨는 사무실에 공백이 생기므로 아르바이트취업사이트를 통해 새로운 직원을 구해야 한다며 많은 걱정을 하고 사무실을 떠나게 되었다. 소연씨가 떠나니 마음이 심란하고 더 지쳐가는 것을 온몸으로 느꼈다. 다행히 숙윤씨가 새 직장으로 떠나기 전 아르바이트취업사이트 구인을 신청하고 떠났는데 그 광고를 본 두 사람한테 연락이 왔고 두 분 중에서 사무실에 적합한 사람을 선택할 수 있게 되었다. 그런데 영입된 새로운 직원분이 개인 사정상 5월 초 연휴가 끝나야지

정상적인 근무가 가능하다고 하는 것이 아닌가! 이 말은 사실상 신약인쇄가 들어가는 4월에는 거의 도움을 받을 수 없다는 뜻이다.

혼자 사무실에 앉아 다시 긴 한숨을 쉬고 있을 때 뜬금없이 소연씨에게 연락이 왔다. 새로 가게 된 회사에서 5월 초 연휴기간이 계속 이어지므로 회사 사정상 새 직원은 연휴 끝난 다음 날부터 출근을 하라고 했으니 5월 초에는 잠시 일주일만 우리 일을 더 도와줄 수 있다는 것이다. 세상에! 소연씨에게는 속상한 일이었겠지만 나에게는 하나님의 도우심으로 생각되었다. 나 혼자 인쇄소에 파일을 넘기는 것이 다소 불안했는데 얼마나 다행인지! 이 일주일동안 인쇄소에 넘어갈 파일과 음원코드를 넘겼고 중요한 것들을 빨리 마무리해야 했다. 이렇게 신약동화가 인쇄되기까지는 정말 우여곡절이 많았으니 정말 책으로 써도 족히 한두 권은 될 듯하다.

10

네 권을 다시 찍은
신약인쇄

2017년 5월 초 신약인쇄가 들어갈 때 마음이 감개무량하고 가슴이 몹시 떨렸다. 하나님께 제발 신약편집이 실수 없이 잘되도록! 신약성경동화가 잘 나오게 해달라고 간절히 기도를 드렸다. 이 열악한 상황에서 신약인쇄 그 자체는 하나님이 주시는 은혜가 아니면 나올 수 없는 기적이었다. 딸 결혼축의금으로 밀린 제작비를 내고 기독교 서적 유통사장님의 감동적인 결단으로 신약 제작이 마무리되었으니 이 모든 인쇄되는 과정을 지켜본 나로서는 신약동화는 특별한 하나님의 인도하심으로 출간된 책이라고 간증하지 않을 수 없다.

이번에 인쇄를 찍게 된 곳은 색상이 잘 나오고 이 방면에서 잘 한다는 소문이 난 곳으로 기독교 유통 P사장님의 소개로 연결이 되었다. 걱정이 앞선지라 처음 만나게 된 자리지만 인쇄소 사장님께 구약

2017년 5월말 함께 읽는 성경동화 신약편 출시됨.

인쇄 당시의 어려웠던 사건들을 말하며 신약에서는 다시 찍는 일이 없으면 좋겠다는 당부도 거듭 드렸다. 사장님께서는 본인들도 몇 년 전에 음원 펜코드 인쇄 실수사건이 생겨 많은 어려움이 있었던 경험이 있으므로 지금은 거의 사고가 없는 시스템을 갖추었다며 걱정하지 말라는 답변을 주셨다.

　3주의 짧지만, 나에겐 길었던 인쇄가 끝난 후 드디어 신약동화가 제본을 끝내고 박스포장이 되었다는 연락을 받았고 우리는 우선 100박스를 우리 집으로 먼저 가져오게 하였다. 드디어 사무실에서 신약 한 박스를 해체한 후 한 권씩 음원펜으로 소리가 잘 나는지 마지막 체크를 하게 되었다. 중간에 하리코미 음원검수에서 이상이 발견되지 않았으므로 딱히 잘못된 것은 나오기 힘든 상황이라 가벼운 마음으로 한 페이지씩 넘겼는데 그만 깜짝 놀랄 일이 생겼다.

　마치 약속이라도 한 듯 책 세 권이 마지막 오른쪽 페이지에서 음원 소리가 나지 않는 것이었다. 황급하게 인쇄소에 연락하여 상황을 알아봤더니 코드판의 잘못이 아닌 인쇄하는 과정에서 무언가의 이유로 마지막 페이지 음원이 나오지 않는다는 것이다. 또 인쇄소에서도 자체적으로 검수해 보니 한 권이 더 발견되어 모두 총 네 권에서 똑같은 현상이 발견되었다는 것이다.

'아! 역시 신약인쇄도 만만치 않은 과정을 통과하는구나'라는 생각이 스쳐 가며 함께 읽는 성경동화의 가는 길은 정말 순탄한 여정이 거의 없다는 것을 새삼 느꼈다. 죄송하다며 사과를 한 인쇄소에서는 4~5일 사이에 황급히 네 권을 다시 찍었고 이미 제본소에서 박스에 넣은 책들을 전부 다시 꺼내어 새 책으로 교환해야 하는 번거로움을 가지게 되었으니 그 작업도 몹시 힘들었을 거라는 생각이 들었다.

이 새로운 우여곡절 끝에 신약동화는 다시 박스 포장이 새로 되었는데 원래는 2017년 5월 중순 출시 예정이었으나 6월 초로 연기된 후에야 겨우 이 세상에 빛을 보게 되었다.

EPISODE

10

감사한 분들

1

동화로 이어진
딸과 사위

구약 성경동화 그림을 처음 발주할 즈음이다. 작가들을 섭외하려는 시점에 한양대 1학년에 재학 중이던 딸이 선배 한 명을 소개했다.

"엄마! 그냥 좋은 사람이야! 동화를 좋아해서 만든 작품이 있으니 한번 보고 말해줘!"라며 그림파일을 하나 보냈다. 이 그림을 보았을 때 독특한 특별함이 있었는데 우선 사물의 시점, 즉 사물을 바라보는 앵글을 모두 위에서 아래로 보고 그렸다는 것이다. 눈을 위에서 보는 시각이니 표현된 사람이나 물체의 모습도 윗면만을 그렸고 글의 내용도 퍽 따뜻한 동화였다.

또 색채를 사용하지 않고 드로잉을 하듯 콘테로 스케치를 한 듯한 질감을 내는 그림이었다. 느낌이 창의적이고 신선해 그림 발주를 하겠다고 딸에게 전했다. 딸은 1학년 1학기 때 교양수업을 동화수업으로 신청해 들었는데 팀플레이에서 건축과 5학년인 예비졸업생 선배를 만난 것이었다. 이름도 평소 귀에 아주 익숙한 '정진호'라는 이름이었다.

전공이 건축과라 그림 발주를 《바벨탑》과 《노아의 방주》를 주었고 건축과생답게 한 번 창의적인 그림을 그려보라고 부탁했었다. 정진호 작가는 기대에 넘게 부응하여서 제5화 《바벨탑》을 여태껏 표현된 다른 그림과 달리 작가의 창의성이 담긴 멋진 작품으로 만들어 주었고, 제4화 《노아의 방주》는 아이들이 좋아하는 표현 방식의 그림으로 나오게 되었다. 이 시기는 우리 경제적 상황도 여의치 않은 데다 처음 그림 발주를 받는 터라 사실 화료도 많이 주지 못했지만, 정진호 작가가 최선을 다해 그린 그림이었고 많은 사람들이 감탄을 연발했다. 그런데 이후 들리는 소식에 의하면 내가 처음 보았던 그 파일 그림은 얼마 되지 않아 현암사와 계약을 하였다고 했다. 정진호 작가가 며칠을 꼬박 새우며 작업한 그 그림 동화를 다음 날 교수님께 보여 드렸더니 교수님께서 즉시 현암사에 가서 보여주라며 출판사 소개를 해 주시더란다. 다음날 현암사에서 이 동화를 본 제작부장님은 1시간도 못 되어 곧장 계약하자고 했고 정진호 작가는 처음으로 그린 이 동화를 계약하게 되었다. 이 동화가 바로 2015년 국제도서상 볼로냐 리가치 상을 받은 《위를 봐요》이다

처음 그린 처녀작이 국제도서상을 받았으니 이것은 물론 자신의 역량도 있겠으나 성경동화를 최선을 다해 그려준 정작가에게 하나님이 주시는 선물이라는 확신이 들었다. 그런데 나중에 알고 보니 이

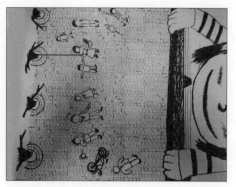

2015년 국제도서상 볼로냐 라가치상 수상작 《위를 봐요》 작가 정진호.

두 사람은 그 시기에 막 사귀려는 단계였고 우리 딸은 선배에게 출판 기회를 주려고 나에게 연결시킨 것이었다.

두 사람은 서로 우연히 만난 것 같았겠지만 하나님은 바벨탑과 노아의 방주를 그릴 사람으로 정작가를 미리 예비하신 것이었다는 생각을 지금도 가지고 있다. 동화로 만나 나중에 부부의 인연으로까지 연결되었으니 하나님의 역사하심에 신기할 뿐이었다. 이 두 사람은 나중에 딸이 졸업을 앞둔 2017년 12월 3일에 결혼을 하였다.

2018년 2월에도 정작가의 그림책 《벽》이 볼로냐 도서전에서 볼로냐 라가치상 예술, 건축/디자인(ART, ARCHITECTURE AND DESIGN) 부문 스페셜멘션(특별언급)에 선정되었다. 교회에 다니지 않았던 사위는 나중에 세례도 받고 지금은 교회에서 초등부 교사로 열심히 봉사 중이다.

2

고마운 딸의 배려

"엄마! 졸업 후 취직하면 곧장 결혼하려 해! 직장에 다니면 아예 결혼이 늦어질 것 같아서!" 이렇게 말했던 딸은 정말 결혼을 일찍 준비했고 졸업 전 2016년 11월 그렇게 어려운 취업 관문을 뚫고 유명한 게임회사에 합격도 하게 되었다. 거의 4학년 초부터 2017년 12월 3일로 결혼날짜를 이미 정하여서 예식장 예약도 미리 하고 결혼준비와 기타 많은 소소한 것들을 준비했다. 딸은 바쁜 와중에도 결혼기념 예비 사진들을 미리 찍어 놓아 막상 결혼식 전에는 딱히 준비할 것이 많지 않았다.

이때는 신약편집을 마무리하는 시기라 난 거의 밤에 집에 들어가고 딸의 준비를 거의 도와주지 못했다. 딸은 차라리 당사자 본인들에게 맡기라며 양쪽 부모님에게 전혀 부담을 주지 않고 두 사람이 모든 결혼준비를 100% 진행하게 되었는데 오히려 서로 양가가 부딪힐 일도 서운할 일도 생기지 않았다.

그런데 마음 아픈 일은 엄마의 경제적 처지를 알기에 딸은 일체 어떤 것도 요구하지 않고 스스로 두 사람만이 알아서 준비한 것이다. 사위가 오피스텔에 거주하기 때문에 일단은 신혼을 그 집에서 그대로 살고 나중에 아파트로 가겠다는 것이다. 집이 오피스텔이라 전자제품을 당장 살 필요가 없었고 또 양가 간에 주고받는 모든 것도 생략하기로 했다. 물론 이 결정은 신부 댁의 처지를 알고 이해하여 두 사람의 의견을 반영한 배려 깊은 두 분 사돈이 허락하셨기에 가능한 일이었다. 딸은 농담처럼 "엄마! 난 은수저라도 되어 결혼할 수도 있었는데 흙수저로 준비하여야 할 것 같다고 선배에게 양해 구했어."라며 걱정하지 말라고 위로했다. 그러나 더 놀라운 건 그다음의 대화였다.

"엄마! 결혼식 끝나고 식사비를 지불하잖아? 그때 남은 것 나한테 주지 말고 그냥 그림 제작비에 사용해!"라며 상상 못 할 배려의 말을 엄마에게 하는 것이 아닌가! 그렇지 않아도 단돈 300만 원도 못 준비하는 상황이라 마음이 스산하고 부모로서 정말 숨고 싶은 심정이었는데 딸은 제작비 때문에 잠을 못 자는 엄마의 모습이 더 걱정되었던 것이다.

드디어 결혼식 날짜가 다가오고 난 정말 몸과 마음이 지친 상태였지만 나의 체력과 바쁨을 고려한 딸이 한복과 드레스 선정을 같은 날에 하여 정말 딱 하루만 힘들면 되는 세심한 배려를 해주었다.

오전에는 한복집에 가서 한복을 빌렸고 오후에는 딸의 친구들과 같이 드레스 가게에 가서 드레스 고르는 것을 보았다. 딸이 가라면 가고 오라면 왔고 딸이 그려준 지도대로 움직이니 정말 신기하게 결혼식 준비에 대한 고단함이 없이 만사가 순조로웠다. 지금까지도 남편과 나는 그때 하나님께서 베풀어주신 조용하고 평화로운 결혼식 준비에 대해 많은 감사함을 가지고 있다.

결혼식 당일 아침이 되자 화장과 헤어 담당 분들이 오전 일찍 집으로 와서 우리 가족의 머리와 화장을 여유롭게 마무리하여 주었다. 결혼식 시간이 오후 5시 인지라 급하지 않게 모든 일이 진행되어 마음이 참 평안하였다. 이런 딸의 부지런한 배려 덕분에 집에서 편안한 마음으로 무난히 화장을 마치고 한복까지 잘 입은 후 결혼식에 가게 되었다. 결혼식엔 딸의 고등학교, 대학교 친구들이 많이 참여해서 분위기를 활기 있게 이끌었고 하객들도 끝까지 남아 참여할 만큼 재미있는 결혼식이 되었다. 또 결혼식장의 식사 음식이 전체적으로 고루 맛있었는데 같은 층에 식당과 결혼식장이 함께 있어 활동 동선이 가깝고 편안한지라 하객들이 꽤 오래 머물렀다고 한다. 이처럼 편안하고 넓은 장소선정으로 모두에게 큰 만족감을 주었는데 결혼 끝날 때까지 우리는 모두 즐거웠고 하나님께 너무나 감사했다.

결혼식 마무리가 끝난 후 결혼식장에 지불해야 할 모든 계산을 마치게 되었는데 정말 딸의 말대로 신약동화 그림값 남은 계산과 거의 비슷한 액수가 남았다. 세상에! 결혼 축의금으로 신약동화 마지막 그림 제작비를 냈으니 이런 상황을 그 누가 상상하겠는가? 딸에게 그저 미안하고 고마울 뿐이었다.

3
기독교출판협회 총회에서
일어난 기적

　2014년 8월 '비전코람데오'라는 출판사를 처음 등록한 후 우리는
단 한 번도 기독교출판협회 모임에 참여한 적이 없었다. 아들이 대표
이지만 대학교에 다니고 있으니 참여가 쉽지 않고 나또한 직장을 다
니는 공무원 신분이라 다른 일을 하는 것 자체를 공개적으로 말하기
도 쉽지 않았기 때문이다. 2016년 8월 말에 명예퇴직을 한 나로서는
이제 신분상 제약을 받을 일은 없었지만, 회비도 제대로 내지도 못했
던 상황이라 참여하기가 무척 곤혹스러웠다.
　그런데 협회 사무실에서 적극적으로 참여하라는 전화를 하셔서
정말 처음으로 한 번 2017년 2월에 참석하게 되었다. 도착해 보니 모
두 다 낯선 분들이신데 유일하게 아는 딱 한 분! 기독교 서적유통 P
사장님께서 재정감사 분야를 맡아 발표를 하시는 것이 아닌가?

그 많은 기독교 출판사 사람 중에서 내가 아는 사람은 단 한 사람 그분밖에 없었고 아는 사람이 없으니 딱히 대화를 나눌 상대도 없어서 한쪽 비어있는 원형 테이블에 혼자 앉아 식사하게 되었다. 전체 분위기는 좋았지만 홀로 앉아 있는 나의 모습은 꼭 뚝 떨어진 외딴섬에 앉아있는 기분이었다.

P사장님께서는 내가 혼자 앉아서 식사하고 있는 테이블로 오셔서 이것저것 말씀해주시면서 같이 식사를 해 주셨다. "대표님! 요즘 신약은 어떻게 되고 있나요? 나올 때가 거의 다 된 것 같은데요?"

사장님의 질문에 그냥 담담히 웃고 지나갈까 하다 무언지 솔직히 말해야 할 것 같은 심정이 들어 얼마 전 있었던 딸의 결혼식 이야기를 하며 딸의 결혼식 식장 남은 비용으로 나머지 그림값을 지급한 속사정을 말하게 되었다. 정말 창피할 수도 있는 일이었는데 그 날만은 나도 자존심을 내려놓고 돌아가는 상황을 솔직하게 이야기하고 싶었다.

"아휴! 그런 일이 있었군요!"라며 사장님은 안타까운 표정을 지으시며 식사를 하시더니 문득 나에게 깜짝 놀라운 제안을 하시는 것이 아닌가! 일단 사장님께서 1000박스를 선매입할 테니 신약이 나오는 길을 우선 만들어 보자고 하시는 것이다. 너무나 놀라운 말씀이시라 사실 그날 식사는 무엇을 먹었는지 아무 생각도 나지 않았다. 사장님은 이를 위해 최대한 자금을 구할 방법을 찾아보겠다고 하시며 너무나 담담한 표정으로 말씀하셨는데 이런 제안은 몇 분 만에 결정할 수 있는 사항의 일이 아니었기에 나는 마치 꼭 무엇에 홀린 것 같았다. 사장님께서는 어떻게 저런 제안을 순식간에 결정하실 수가 있으실까? 또 집으로 돌아가셔서 혹 급한 결정이라며 사모님께 질타를 받는 것은 아닐까? 라는 조심스러운 걱정이 다소 되었다.

나중에 신약동화가 출시 된 후 우연히 P사장님의 말씀을 듣게 된 기회가 있었다. 나의 우려와 달리 막상 사모님은 사장님께 찬성하셨다고 한다. 사장님은 만약 사모님이 반대하셨다면 몹시 마음이 무거웠을 텐데 사모님이 찬성하시자 마음이 가볍고 분명 그 식사자리에서 성령님께서 역사하셨다는 확신을 더 가지게 되었다고 하셨다.

내가 평소에 뵌 사장님은 생각이 깊으시고 함부로 판단하시는 분이 아니시기에 이런 결정은 하나님이 주시는 감동함이 없이는 불가능하다는 것을 잘 알기 때문이다. 사장님은 신약동화가 인쇄될 곳도 미리 소개해 주셔서 마치 준비된 장소에서 찍은 것처럼 그렇게 '함께 읽는 성경동화'는 기적적으로 출간을 할 수 있게 되었다.

정말 전혀 생각지 못했던 곳에서 하나님이 보내신 도움의 손길이 올 줄이야 누가 생각했겠는가? 후에 명작동화를 사셨던 사장님이 이 이야기를 들으시더니 바로 옆에 있던 직원에게 이렇게 딱 한 마디 말씀하셨다. "야! 너무 멋있지 않나?"

같은 유통을 하는 사람이라 그렇게 하는 일이 너무나 쉽지 않은 일인 것을 알기에 또는 남자로서도 그런 생각이 들었던 모양이다.

4

너무나 위로가 되었던
음원 펜 회사 사장님의 격려

　2016년 초여름! 우리는 신약동화 음원펜에 대한 중대한 결정을 내려야 했다. 기존 처음 출간한 구약 성경동화에 사용되는 음원펜 회사에서는 원래 언어의 종류 수와 관계없이 외국어 음원을 올릴 수 있다고 하여서 계약을 망설임 없이 할 수 있었다. 그런데 막상 태국어가 네 번째로 음원이 올라갈 시점에서는 다음 다섯 번째 언어부터는 앞의 음원을 완전히 지우고 나서 새로운 음원을 올릴 수 있다고 하였다. 말인즉슨 한꺼번에 여러 개의 음원을 올리는 것은 더 이상 안 된다는 뜻이었다.

　정말 난감했다. 신약도 같은 음원펜으로 간다는 전제하에 구약음원을 시작한 것인데 만약 신약부터 다른 회사 음원펜을 사용하게 된다면 기존 고객들이 가지게 될 여러 가지 부담과 원망이 눈에 불 보듯이 펼쳐질 것이기 때문이다. 그러나 선택을 내려야 했다. 우리 동화책의 목표는 다른 책과 달리 여러 나라 음원을 같이 올리는 것이 중요한 방향성이기 때문에 꼭 경제적인 입장 떠나서 어쩔 수 없는 결정을 해야만 하는 것이다. 일단 새로운 S음원펜 회사에 연락해서 미팅약속을 잡고 소연, 숙윤씨 두 직원과 함께 한 날 방문을 하게 되었다. 사무실 방문 후 우리가 곧장 담당 과장님과 미팅을 시작하려는데 갑자기 한 직원이 들어오더니 조금만 더 기다리라고 말하는 것이 아닌가!

조금 의아해하며 그 이유를 묻는 우리에게 직원은 사장님께서 잠깐 시간을 내주셔서 같이 미팅을 참석하려 하시니 사장실 방에서 잠깐 기다리라는 것이다. 10분 정도 지나자 정말 남자 한 분이 들어오셨는데 이분이 바로 사장님이셨다. 마음속으로 '아니 회사 사장님이 갑자기 웬일로 들어오실까?'라는 생각을 하며 우리 세 사람은 호기심 어린 눈으로 그분을 바라보았다.

사장님 말씀으로는 지금 볼일이 있어 나가려는 중이었는데 성경동화 관련된 분들과 직원이 미팅이 있다는 보고를 받고 나서 잠깐 약속을 늦추고 우리 미팅에 참여하셨다는 것이다. 나중에 사장님의 이야기를 계속 들어 보니 사장님께서는 원래 출판 관련자들과는 거의 만나지 않는데 성경에 관계된 책이라 미팅에 갑자기 참여하게 되었으며 본인은 성경에 관계된 책들은 어떤 책인지 관심을 가지고 지켜보며 직접 만난다고 하신다. 하기야 그렇지 않고는 우리 같이 작은 신생 출판사 미팅에 음원펜 사장님이 참여할 필요는 정말 없었다.

성우 100분 이상 구약 신약 전체 성경 녹음에 참여
하여 많은 시간과 노력이 소요된 성령펜.

　사장님은 본인의 회사가 처음부터 여러 어려움을 겪은 후 성공한
사례라며 겪었던 많은 일을 자세히 이야기해주셨다. 가장 인상적인
것이 '성령펜' 에피소드였다. 이 펜은 모양이 십자가형으로 생겼는데
무려 성우 100분 이상이 참여하여 성경책을 읽었고 그 성경 음원이
고스란히 담겨 있었다. 여기에 일반 성가와 복음 성가까지 실려 있고
한 장의 코팅판에 숫자만 알맞게 연결하여 펜을 터치하면 성경내용
이 한 구절씩까지 들을 수 있는 펜이었다. 많은 시간과 노력이 소요되
었을 뿐 아니라 비용도 많이 들어 사실상 사장님은 이 펜으로 남들
에게 말할 수 없는 경제적 어려움을 많이 겪으셨다 한다. 남들이 미
쳤다고 했지만, 사장님은 소명을 가지고 이 펜을 완성하셨다 하니 적
어도 이 성령펜에 대해서만큼은 입지전적인 소명을 이루셨다고 생각
되었다.

　몇 차례의 펜을 출시할 때까지 경제적 어려움이 따랐는데 가장 최

고의 고난은 성령펜 출시 시점이었던 것 같았다. 성령펜 출시 그 자체가 경제적 이익으로는 연결되지 못했지만 아마도 사장님께서는 그 후부터 사업적인 경제 부흥을 이루어 이 분야에서 독보적인 성공을 이루었으니 나의 개인적인 생각으로는 꼭 복을 받으려 성령펜을 만드신 것은 아니지만 다른 통로로 부어주신 하나님의 축복이라는 생각을 가지게 되었다. 사장님께서 꼭 경제적인 성공을 거두어서가 아니라 굳이 성령펜을 안 만들었어도 되었는데 그 힘든 여정을 겪으면서까지 완성했다는 의지와 노력이 나의 마음에 큰 감동을 주었다.

"이런 성경동화 책들은 아무나 만드는 것은 아니에요. 하나님께서 선택하시는 사람만이 만드는 거지요. 지금은 어렵겠지만 용기를 내시고 꼭 우리 회사 문을 두드리시면 좋은 일이 있을 것 같네요!"라고 말씀하시며 본인 회사에서는 처음으로 출판에 발을 딛는 출판사들이 잘 안착하도록 많은 배려를 하도록 노력하신다며 격려를 해 주셨다. 순간 나도 모르게 눈물이 저절로 나와 당황했는데 "아이고! 그 눈물이 여태껏 모든 것을 다 말해주네요!"라며 많은 위로의 말씀을 덧붙여 주셨다.

음원펜에 대해 문의를 하러 갔다가 그 회사 사장님께 위로를 받고 왔으니 이것은 무슨 일인가 싶었다. 정말 그 후로 음원펜 진행 과정에서 모든 직원분은 친절하게 우리 일을 잘 도와주었으며 소소한 배려도 아낌없이 해 주셨다. 너무나 따뜻하고 고마운 격려와 배려를 지금도 잊을 수가 없다.

11

또 다른 위기!
기적 같은 반전

1

또 다른 위기! 창고에 갇힌
2쇄 개정판 구약동화

2017년 6월부터 출시된 신약 성경동화는 새로운 총판사장님 두 분을 만나 일반 어린이 전집시장에 발을 딛게 되었다.

처음 소개를 받은 분은 K대표님은 여자 대표님으로서 유통 쪽에서 성실하게 오랫동안 이 일을 하신 분이라고 한 지인에게서 소개를 받았다. 비전코람데오가 물류창고가 없는지라 K대표님은 본인이 유통할 성경동화의 물류창고를 나름 알아보셨다. 그러는 와중에 K대표님이 예전에 같이 근무한 L사장님을 소개하게 되었다.

L사장님은 어린이 책을 제작해 인터넷에서 판매하시는 분이었는데 우리 책을 좋게 평가하셔서 본인도 직접 K대표님과 같이 총판 역할을 하고 싶다며 합류를 하게 되었다. 어차피 우리도 창고가 없는지라 L사장님의 창고에 신약 성경동화를 보관하게 되었는데 이때 아들의

반대가 다소 마음에 걸렸다.

"엄마! 출판사가 책을 총판에 모두 맡기는 것이 무언가 탐탁하지 않아요!"라고 의견을 말했지만, 창고 구하기가 쉬운 일은 아닌지라 일을 그대로 진행하게 되었다. 그러나 시간이 지나자 아들의 우려는 정말 현실로 다가왔다.

처음 이 두 분과 의견조율을 할 당시 남아있는 구약동화가 400박스 정도로 추정되어 이것을 모두 매입하여 껴안고 가는 조건으로 총판에 주는 가격책정을 정말 저렴하게 하였다. 그런데 이때 조율사항 중에 다음에 새롭게 구약을 찍을 때는 다시 한번 가격조율을 하겠다는 사항이 있었고 두 분은 이 점을 인정하고 승낙을 하였다. 그런데 시흥에 있던 옛 창고에서 구약동화를 막상 가져와 보니 400박스가 아닌 200박스가 남아있었다. 정말 알 수가 없는 일이었다. 아무리 계산 착오를 했다 하더라도 이렇게 많이 차이가 날 수는 없기 때문이다. 마음이 복잡했지만, 그동안 2년 동안 창고비용을 무료로 배려해주셨는데 남아있는 책에 대해 이러쿵저러쿵 따진다는 사실 자체가 창고 사장님께 미안하다는 생각으로 차마 말하지는 못하였다. 설사 누군가가 책 일부를 가져갔다고 해도 창고 사장님이 알 수는 없기 때문이다. 남편의 입장도 곤란할 터이고 그냥 이것으로 임대료를 지급했다고 생각하고 마음을 내려놓기로 하였다.

또 두 분 총판 사장님께는 넘기는 책이 400박스가 아닌 200박스이기 때문에 이분들에게는 나중에 성경동화 가격 재조정을 할 때 다소 덜 미안하다는 생각도 들었다. 2017년 8월이 되어 가자 L사장님은 추석이 다가오기 전에 구약동화를 인쇄하여야 시기가 맞는 것 같다며 재인쇄를 준비하였다. 하지만 우리에게 제작비가 없기 때문에 L사장님의 신용도를 담보로 6개월 이내에 모두 갚는다는 조건으로 여러 제작소에게 양해를 구한 후 구약동화 인쇄가 시작되었다. 그러나 이때의 나의 마음은 정말 편치 못했다.

종이 값도 선지불이 안된 상태에서 시작하기 때문에 L사장님에게 여러 가지로 미안하고 그러기에 우리 측의 목소리도 제대로 내지를 못 했기 때문이다. 이제 구약 성경동화가 새롭게 찍히기 때문에 책이 나와 판매에 들어가기 전에 애초에 말했던 것처럼 구약동화 가격을 재조율하는 것이 필요하다고 생각했다. K대표님과 L사장님께 의견조율을 하자 K대표님은 얼굴이 어두워졌고, L사장님께서는 그 사항이 너무 불합리하다고 하셨다. 본인이 창고관리를 하면서 이렇게 고생하는데 가격이 올라간다면 하고 싶지 않다는 것이다. 이 말을 들은 나는 창고에 대한 압박감과 스트레스를 무척 많이 받았고 꼭 출판사 자체창고를 마련해야겠다는 결심을 굳히게 되었다.

이즈음, 예전부터 창고에 묵힌 채로 있었던 명작동화가 지인에게 소개받은 A사장님에게 일괄적으로 팔리게 되었다. A사장님의 창고는 파주에 있었는데 마침 그곳을 방문할 일이 생기게 되어 창고를 방문하게 되었다. A사장님과 이야기하는 도중 혹 파주에 창고를 구할 만한 곳이 있냐고 문의를 하자 A사장님은 지금 이 창고가 빈 곳이 남으니 창고료를 분담해서 같이 사용하면 어떠냐는 제안을 하셨다.

가격도 적절하고 장소도 L사장님창고와 멀지 않아 쾌히 제안을 수

한 달 반 동안 창고에 갇힌 구약 개정판 성경동화가 드디어 창고에서 방출되어 새로운 창고로
가게되다.

2015년도 1차 구약 성경동화박스.

2017년도 2차 구약 개정판 성경동화박스.

락하고 L사장님께 전화를 드렸더니 막상 L사장님은 창고를 옮기는 문제에 대해 부정적인 반응을 하였다. 말인즉 "지금 돈 한 푼도 없이 구약동화 인쇄가 진행되고 있는데 제작자들이 무엇을 보고 일을 허락했겠어요?"라며 자신이 이렇게 자기 창고에서 책도 관리하고 있다는 것을 보여주니까 그것이 가능하다는 것이다. 물론 이분의 말씀에도 일리가 있었다. 하지만 우리가 가끔 교회 쪽에서 주문이 오는 책을 보내려고 L사장님 창고에서 책을 가져오려 할 때 오히려 출판사 쪽에서 더 눈치 보고 일일이 말하고 가져와야 한다는 상황이 퍽 나를 불편하게 만들었다. 또 새 개정판 구약동화 가격 재 책정에도 창고 문제가 걸리니 출판사가 자체 보관창고가 있어야 한다는 생각이 더욱 굳혀졌다. 그러나 며칠 후 다시 만난 L사장님과의 미팅에서 L사장님은 가격협상에 동의하지 않아 결국 총판역할을 더 하지 않기로 결론을 내렸다.

그런데 문제는 마지막 미팅에서 L사장님이 처음의 입장을 조금 바꾸어 갑자기 다른 지방의 총판들에게 본인이 그만둔다고 하면 충격이 크니 12월 연말까지 조금씩 판매를 하다가 서서히 발을 빼면 어떻겠냐는 말씀을 하시는 것이 아닌가! 그 순간 이렇게 끌려가서는 안 된다는 판단이 들었고 단호하게 회사 직판으로 가겠다는 나의 의견을 말했다. 앞으로 우리 책을 영업할 새로운 총판사장님을 영입하려 할 때도 이런 양다리 걸친 총판상황은 그 누가 보아도 보기 좋은 상황이 아니기 때문이다.

그러자 L사장님은 그렇다면 지방 총판에 나간 책을 다 회수해야 하고 디스플레이용으로 나간 책들도 다 회수해야 하는데 괜찮겠냐는 다소 압박감 높은 말씀을 하셨다. 이 말을 듣자마자 이번에도 역시 내 생각은 단호했다. 회수 한 책들은 내가 다 받고 다시 계산하여 지불하겠다고 답변을 하니 L사장님은 더 이상 말씀을 안 하시고 그렇게 하시겠다고 하셨다. 이후 중간에 몇 번의 전화통화 대화는 정말 최악으로 나의 마음을 흔들었다. L사장님의 말투는 격하게 변했고 모든 구약제작비를 완전히 다 지급한 후 구약동화를 가져가라는 최후통첩과 같은 말을 하는 것이었다. 물론 이때까지 창고에 있는 신약동화도 줄 수 없다는 것이다.

원래는 일부 몇천만 원을 먼저 지불하고 나머지는 4개월에 걸쳐 지급하는 방식으로 공증도 쓸려고 했으나 L사장님의 성격으로 보아 "하루라도 날짜 어기면 그날로 구약동화를 다 처분할 겁니다!"라는 본인의 엄포성 말을 정말 말 그대로 실행할 수 있다는 판단이 들었다. 이후 추석 연휴 동안 여기저기 내가 알아볼 수 있는 모든 노력을 다하여 돈을 구하기 시작했는데 정말 쉬운 일이 아니었다.

이 일을 그만두고 싶다는 생각에 하나님을 향한 나의 마음은 무척 무거웠고 또 과연 내가 '성경동화 진행의 리더자질이 정말 있는지'에 대한 회의가 물밀 듯이 몰려왔다. 이 기간 나는 거의 몸무게가 3kg 이상 빠졌고 밥맛이 없어 식사도 하루에 한 끼를 겨우 먹을 정도로 기운은 점점 빠져갔다.

2

기적 같은 반전!

추석 연휴 동안 한 지인을 통해 제작비를 빌릴 만한 곳을 알아봐 달라는 부탁을 드리게 되었다. 그런데 겨우 제작비 도움을 줄 수 있는 곳에서 온 계약 조건은 상상 이상이었다.

8000만 원을 빌리는데 이자도 이부로 높은 데다 원금을 다 갚을 때까지 책이 팔릴 때마다 책 한 박스당 만 원을 지급해야 한다는 것이다. 더구나 선이자 800만 원을 먼저 떼며, 출판권까지 담보로 잡고 앞으로 3년간의 제작을 이 팀에 의뢰하는 것이었다. 계약서를 읽어 본 나는 마음이 정말 처참하고 한숨이 절로 나왔다. 이 조건을 거절하여 2차 개정판 구약동화가 창고에 있는 시간이 길어지면 출판사 이미지 문제에 지장을 주고 판매할 시기도 놓치기에 무작정 시간을 끌 수는 없었기 때문이다. '과연 이 방법이 하나님이 원하시는 방법인가!'가 제일 먼저 걱정되었고 '더 기다려야만 하는 것이 하나님이 원하시는 것인가!'라는 생각들이 교차하였다. 그러나 이제 더 판단을 미룰 수 없는 상황에 이르자 난 결론을 내려야 했다. 결국, 계약은 진행되었고 추석 연휴 지난 바로 다음 주 화요일 정도에 돈을 빌려줄 수 있다는 것이다.

연휴 마지막인 토요일! 우울한 마음으로 거실 소파에 앉은 나는 그 날 아침에 꾸었던 한 꿈에 대해 조용히 생각을 더듬어 보았다. 평소에 꿈을 잘 꾸지 않는 나로서는 꿈에 대한 미신적인 판단이나 추측을 하는 것에 대해 익숙하지 않아 친한 C권사님께 꿈의 내용을 말하고 조언을 구했다. 내가 덮고 있는 이불 천의 무늬에서 갑자기 3~4센티미터 정도의 아주 작고 귀여운 뱀의 새끼 같은 동물들이 요리조리 움직이며 장난치며 놀고 있는 것이다. 뱀의 새끼같이 작았으나 꼭 뱀이라고도 볼 수 없는 알록달록한 색깔에 까만 귀여운 점 같은 눈이 찍힌 미꾸라지 같기도 했다. 새끼 미꾸라지 모양이라 해도 틀리지 않는 것이 움직이는 모양이 기는 모습이 아닌 물속의 미꾸라지처럼 움직였기 때문이다.

권사님은 "집사님께서 기분이 좋은 꿈이라면 걱정을 안 해도 되는 꿈이 아닐까요?"라는 조언을 해주셨다. 이때 남편의 말이 퍼뜩 떠올랐다. 며칠 전 우리가 전세로 사는 이 집의 주인께서 남편에게 전화해 앞으로 이 집에서 더 살 것인지 물어보았다는 것이다. 사실 이 집을 전세로 구할 때 보기 드문 특이한 일이 있었다. 북경에서 귀국한 후 일 년이 지난 후 연로한 시어머님과 합가하기 위해 좀 더 큰 아파트를 알아보는 중이었다. 부동산의 연락으로 우연히 이 아파트를 방문해 주인의 안내로 집을 살펴보게 되었는데 벽에 걸린 가족사진을 보고 그만 깜짝 놀라고 말았다. 가족사진에 찍힌 이 집 사모님의 얼굴이 내가 알고 있는 분이셨던 것이다.

그분은 얼마 전 내가 근무한 직장에서 교장 승진을 불과 몇 개월 앞두고 그만 건강이 악화되어 수술을 받은 후 미련 없이 퇴직하신 Y교감 선생님이었다. 곧장 그 집을 나온 후 Y교감 선생님께 전화를 하게 되었고 지금 상황을 자세히 이야기한 후 Y교감 선생님의 허락을 얻어 우리는 이곳에 전세로 살게 되었다. 이곳에서 교감 선생님의 배려로 전세금을 월세로 돌려 구약동화 제작비로 이용을 했으니 여간 인연은 아니다. 난 마지막으로 교감 선생님께 한 번 더 부탁을 해보기로 하고 전화를 즉시 드렸다.

교감 선생님은 나의 전후 상황 이야기를 모두 들으신 후 남편분과 상의를 한 후 답변을 주겠노라 하셨다. 하루 종일 답변을 기다리고 있었던 나는 이상하게도 마음이 다급하지 않고 차분한 마음으로 하나님의 인도하심을 믿기로 하였다. 이러든 저러든 하나님의 인도하심이 없이는 안 되는 것을 지금까지 겪어 왔기 때문에 설사 거절당한다 해도 원망을 하지 않기로 하였다.

저녁에 전화를 주신 교감 선생님은 "아휴! 책을 80권이나 완성했으니 정말 대단하시네요! 이 일이 딱히 개인 사업을 위한 일도 아니고 의미 있는 일이기도 하고 또 바깥 분도 신사적인 분이시고! 그래서 거절하기도 어렵더라고요!"라며 승낙을 알리시는 것이었다. 우리가 가능한 한 빨리 제작비 지급이 필요하다 말하니 교감 선생님께서는 월요일에 계약서를 쓰고 곧 지급하시겠다는 것이다.

아! 얼마나 놀라운 반전인지! 지금까지 기도할 때 하나님께 정말 당당하게 나가고 싶고 L사장님이 압박하는 상황에 끌려가고 싶지 않다는 마음의 간구를 처절히 고백하였는데 하나님은 외면하지 않으신 것이다. 교감 선생님이 돈이 많다고 하여 짧은 이틀 사이에 이런 돈을 내줄 수 있는 상황은 흔한 일이 아니다.

사실 여태껏 교감 선생님께는 빌린 월세에 대해 이자를 꼬박꼬박 드렸기에 그렇게 감사한 마음이 크지는 않았다. 그런데 지금의 이 상황을 겪으며 하나님께서는 그야말로 돈이 움직이는 이 세계의 정글을 있는 그대로 다 보여주셔서 이분들이 우리에게 이렇게 경제적 상황을 허락해 주신 것이 너무나 고맙고 감사했다.

3

손전등을 끄고 오직
밤하늘의 별만 바라보다

책을 만드는 5년간 난 사람을 별로 만나지 않았다. 시간도 없었지만, 지인들이 요즘 어떻게 지내냐고 물을 때 나의 현실을 이야기하면 그분들이 심리적인 부담을 가질까 봐 나의 상황에 대해 자세히 말하기 어려웠다. 이렇게 점점 경제가 힘들고 고립되어가는 상황이 사람들을 더욱 피하게 했다.

여태껏 걸어온 이 길이 과연 목표는 좋았지만, 방법론적이나 진행 과정에서 합리적이고 지혜로운가? 라고 스스로 묻기도 하였다. 또 나에 대한 실망감과 함께 너무 연약한 자신을 보며 성경동화를 끌고 갈 능력과 소신이 있는지도 고민하게 되었다.

상대방의 관점에서 보지 않고 나만의 시선에서 모든 일을 처리하지는 않았는지, 뒤를 돌아볼 여유도 없이 이 일에 관여했던 많은 분과의 인간적인 관계성도 차츰 멀어져 가는 일들이 많았기 때문이다.

성경동화를 만드는 일은 겉으로는 책을 낸다는 우아한 일로 보일지 모르지만, 진행 과정에서는 그야말로 흙탕물도 튀기고 똥도 밟는 전쟁터의 흔적들을 조용히 닦아야만 했다. 손으로 만지고 싶지 않은 일들이 대부분이었고 진행 과정에서 나타난 행동들이 고상하지만은 않은 일이기에 부딪히는 크고 작은 일들이 속출했다. 2015년 4월 구약 성경동화가 출시된 이후 2년 반 동안 우리는 신약제작에 온 힘을 쏟았다.

신약동화 제작 과정에서의 많은 부딪힘은 구약동화와는 또 다른 차원이었는데 주변 지인들이나 멘토이신 목사님, 그리고 지켜보아 왔던 다른 목사님들도 '너무나 힘든 것은 하나님의 뜻이 아닐 수도 있다'라는 조언도 해주셨다. 이래저래 다 구구절절이 너무나 맞는 말씀이었다. 그런데 그분들의 조언이 '맞다 혹은 그렇지 않다'는 차원이 아니라 과연 이 일은 꼭 해야만 하는 것인가를 심각하게 고민해야 했고 비록 그 과정상 나의 지혜롭지 못함으로 이 일이 너무나 힘들어졌고 그 결과도 딱히 가시적으로 보이는 것은 없었으나 신약 성경동화의 마무리를 지어야만 하는 것은 너무나 분명했다.

때로는 사람들이 켠 손전등은 1~2km까지는 선명하게 앞을 잘 비춰줄 수 있다. 그렇지만 저 멀리까지는 볼 수가 없었다. 문득 손전등을 끈 후 땅을 보지 않고 고개를 들어 깜깜한 밤하늘을 살펴보니 그제야 별이 하나둘 보이기 시작했다. 이 빛나는 하나님의 별빛으로만 저 멀리 수 킬로미터까지를 희미하게 볼 수 있었다.

손전등을 끄고 나면 당장 앞이 안 보여 당황하고 꼭 시각장애인이 더듬어 나가듯이 앞으로 천천히 갈 수밖에 없지만, 밤하늘의 별은 환히 빛나고 있는 것이다. 시간이 갈수록 영성이 높은 주변 분들의 조언을 잠시 내려놓고 캄캄하지만, 하나님이 주시는 그러나 너무나 희미해 보일 듯 말 듯 한 별빛을 의지해 앞으로 한 걸음씩 나아가기로 했다.

이 과정이 얼마나 외롭고 시린지 하나님만이 나의 울음소리를 들어 주시는 것 같았다. 이런 상황을 그 누구에게 말한 들 정상적인 시각으로 이해해 줄 수 있겠는가? 친한 지인들이 '돈을 다 꼬라박고 이게 무슨 꼴이에요!'라고 실망스럽다는 듯이 말하며 상실감을 더 느끼게 하는 경우도 있었다.

그런데 확실한 것은 이 성경동화가 나오자 책을 사신 어머니와 아이들이 기쁜 마음으로 책을 읽어 주었다는 것이다. 가끔 책을 사신 분들이 사무실로 전화를 하시면서 책을 만들어 주어서 정말 감사하다고 말씀해 주실 때 새삼 나 또한 감동을 받고 눈물이 나올 때가 있었다. 어떤 출판사에 소비자분들이 "이 책을 만들어 주어 너무 감사해요!"라는 격려의 말을 해주겠는가? 앞으로도 얼마나 긴 여정이 이어질지 모르겠다. 매일 매일 주시는 그분의 인도하심으로 밖에 갈 길이 없음을 고백하며, 내일의 일은 알 수 없으나 오늘의 갈 길은 가야만 한다는 것도 나의 여정임을 깨닫게 되었다.

4

7개국 외국어
음원으로!

    처음 성경동화를 제작할 시점에서는 외국어 음원을 영어, 중국어
만 생각하였다. 그런데 시간이 지나면서 하나님이 주시는 방향은 여
러 나라의 언어 번역으로 가는 여정의 인도하심으로 바뀌게 되었다.
영어, 중국어가 완성되고 난 후 태국어, 일본어, 베트남어, 아랍어까
지 번역하게 되었으니 한편으로는 무모하기도 하지만 다른 한편으로
는 너무나 신기한 일이었다.

    어떻게 이 작은 출판사에서 그렇게 많은 언어가 번역되고 녹음까
지 될 수 있었을까? 설명이 잘 안 되는 부분이다. 일을 진행한 나 자
신도 그 산더미같이 많은 번역, 녹음 진행 과정을 겪으며 여기까지
온 사실이 꿈만 같기 때문이다.

    사실 지금까지는 녹음된 이 외국어 음원을 누가 들으며, 또 듣는

사람의 수가 얼마인지는 전혀 알지 못한다. 그러나 알지 못해도 하나님이 예비하신 그 누군가가 혹은 다음 세대 그 누군가가 읽고 또 들으며 믿음의 발판을 마련할 것이다. 저 먼 해외의 알 수 없는 어떤 곳에서도 하나님의 자녀들이 이 성경동화 음원을 들으면서 성장할 것이다.

　사무실 경제여건이 어려운데도 굳이 이렇게까지 많은 음원을 녹음해야 하는 것에 대한 걱정 어린 시선이 무척 많았다. 그럼에도 불구하고 다국어 음원 작업을 계속 진행시키시는 하나님의 뜻을 우리는 헤아릴 수 없다. 그러나 지금은 그 이유를 확실히 모르지만 언젠가는 하나님께서 그 뜻을 드러내 보여주시고 또 우리는 그 이유를 알게 될 날이 머지않아 올 것이라고 생각한다.

　소수가 들어도 하나님은 그 음원을 그들에게 보내시는 분이신 것이다.

5

싼 가격만을 향해 달리는 유통!
하나님의 원리일까?

구약 성경동화 출시 때는 사실상 아직 신약 성경동화가 나오지 않았고 또 경제적 이익이 별로 되지 않는다는 이유로 어린이 전집총판에서 우리 책을 취급해 주지 않았다. 그 당시는 성경동화가 대부분 기독교 유통에서만 판매가 되었기 때문에 일반 유통시장의 세세한 상황을 다 알지도 못하였다. 그러나 이번 신약 성경동화부터는 일반 총판시장에 진입을 부분적으로 하게 되었는데 이 유통의 세계는 그야말로 정글과 같았다.

인터넷에 진출한 많은 책제작자들은 최대한 저가로 책을 공급하기 위해 몇천 원 떼기의 이익만을 남긴 채 책을 박리다매로 판매하는 일도 빈번하였고 상상을 초월한 초저가의 시장을 형성하였는데 여기에 소비자들도 한 푼이라도 싼 책들을 선호하는 현상이 두드러졌다. 과연 이렇게 저가로만 만들어진다면 제대로 된 수준이 있는 책들이 만들어질 수 있을까? 오프라인 시장 역시 약속을 어기고 책값을 인하하여 몰래 판매하는 곳이 있다 보니 정상적으로 영업하는 곳에서 피해를 보는 일들이 여기저기에서 생기는 것이다.

어린이들에게 가장 순수한 가치와 지성을 심어줄 책들이 이익만을 우선으로 하는 이런 정글과 같은 유통시스템에서 다루어지니 참 아이러니했다. 우리들도 한 번 정도는 과연 책값이 싼 것만이 능사일까? 라는 생각은 해 보아야 한다고 생각한다.

출판사 입장에서는 이미 검증된 책의 판권을 해외에서 싼값으로 수입을 해서 책을 내면 제작비 어려움 없이 손쉽게 책을 낼 수는 있다. 그런데 이런 반복되는 환경에서 정말 어린이에게 유익한 책들을 그 누가 만들려고 시도할 수 있을까? 라는 회의적인 생각이 들었다. 재정이 탄탄하고 경험이 많이 축적된 그 많은 기독교 출판사에서 왜 '성경동화'는 나오지 못했을까? 답은 간단했다. 제작하는 데 소모되는 그 많은 비용과 오랜 시간이 걸리는 만큼 경제성이 따라와 줄 것인지를 계산해 보면 정답이 없기 때문이다.

큰 치수의 책 한 권으로 압축이 되어 수입된 책들은 꽤 종류가 많이 나왔고 또 다른 성경동화 전집들도 더러는 있는데 전체 성경의 연대기적인 통합 흐름을 다루거나 음원이 따로 있는 책들은 발견되지 못하였다.

손해를 감수하거나 경제적 관념이 없지 않고는 만들 수가 없기 때문에 출판에 대해 전혀 무지한 초보자가 아니면 누가 만들까? 라는

생각이 내내 성경동화를 만들면서 이런저런 생각들이 들었다. 하나님
께서는 왜 이 분야의 신실한 전문가들을 들어서 성경동화를 만드시
지 않으셨을까?

CBS 방송 출연과
하나님이 주시는 소명

1

CBS '새롭게 하소서'에
방송 출연하다

　앞에서 언급했듯이 주변 지인의 소개로 CBS 관계자분에게 제출한 〈함께 읽는 성경동화〉 자료들이 긍정적인 평가를 받아 CBS 측에서 연락이 오게 되었다. 가을에 개편하는 '새롭게 하소서'에 출연이 결정되었으니 작가님이 먼저 오셔서 인터뷰하시겠다는 것이다. 한 달 반 동안 소식이 없기에 사실 많은 기대를 하지 않는 터라 깜짝 놀랐다. 더구나 어린이 프로그램으로 연결을 예상했기에 간증 프로그램인 '새롭게 하소서'로 결정이 되자 순간적으로 나의 마음은 당황스러웠다.

　'아! 나의 성격상 남 앞에 나가 말을 하는 스타일이 아닌데! 더구나 40분 내내 자기 이야기를 해야 하는데!' 여러 가지 생각으로 걱정이 되고 민망함도 다소 들었다.

방송 날짜가 11월 20일이지만 11월 9일이 녹화날짜였는데 바로 녹화 일주일 전 작가님을 우리 사무실에서 만나게 되었다. 작가님은 1시간 정도의 시간 내에서 여러 질문을 하였고 성경동화를 제작하게 된 동기와 진행 과정, 그리고 가족의 도움에 대해 구체적으로 더 상세히 물어보았다. 특히 가족들의 이해와 배려에 대해 심층적인 질문들이 더 추가되다 보니 막상 책에 대한 내용이 많이 언급되지는 못하였다.

방송을 준비하는 대본은 출연 하루 전 11월 8에 메일로 받게 되었는데 내용을 보니 생각보다 개인적인 사항과 가족에 관계된 것들이 많아 마음이 편치 않았다. 책에 대해 많이 언급하다 보면 물론 책 홍보로 오해받을 소지가 있어 이 부분에서 이해가 안 가는 것은 아니지만 나의 마음은 하나님이 이 책에 대해 얼마나 많은 간섭과 역사를 하셨는지를 세세하게 간증하고 싶었다.

2015년 국민일보 인터뷰와 극동 라디오방송 출연에서도 느낀 점이지만 대부분 방송과 신문사 입장에서는 우리 성경동화가 가족이 서로 노력하고 믿음으로 힘을 합쳐 만든 책이라는 방향으로 주제를 이끌어 가고 싶어 한다고 생각이 들었다.

그렇게 되면 성경동화 제작의 의미가 꼭 가족이라는 테두리에 갇혀버리는 것 같아 마음이 편치 않았다. 성경동화가 왜 이 시기에 나와야 하는지에 대한 하나님의 역사하심과 관점이 다루어지지 않고 또 어떤 사람을 들어 사용하여 이 책을 만들게 하는지에 대한 하나님의 방향이 자세히 다루어지지 않자 더욱 나의 마음이 무거웠다.

2017년도 11월 20일 방영된 CBS '새롭게 하소서' – '말씀의 바통터치'
비전코람데오 김영란집사.

　물론 이 방송 출연을 허락해 주신 CBS 관계자님들에게 너무 감사한 마음이 크지만, 나의 마음 한구석에는 이렇게 아쉬운 생각들이 자리 잡고 있었다. 혹 다른 곳에서 성경동화에 대해 간증할 일이 생기면 정말 하나님이 얼마나 이 책의 제작과정에서 개입을 많이 하셨는지! 그 생생한 하나님의 역사하심에 대해 자세히 이야기하리라! 하나님의 영광에 대해 간증을 꼭 하리라! 라는 결심이 들었다.

　우리 자녀들을 향한 하나님의 사랑이 얼마나 측량할 수 없으며 우리에게 주시는 소명은 무엇인지 크게 말하리라고 굳게 마음을 먹었다. 11월 20일! 오전 9시 50분에 첫 방영 된 본방송을 나는 보지 않았다. 왠지 민망하고 아쉬운 마음이 들었기 때문이다. 밤이 되어 귀가한 남편이 그래도 당사자인 내가 꼭 봐야 한다며 11시 10분에 다시 재방송되는 새롭게 하소서 TV를 켜는 것이 아닌가!

거실 소파에 시어머님, 남편과 함께 앉아 차분히 시청하게 되었는데 표면적인 편집은 예상외로 잘 되었다는 판단이 들었다. 대중적인 시선으로는 무난한 내용이었지만 남편 역시 내가 아쉬워하는 이유를 똑같이 느끼는 것 같았다.

"당신이 왜 아쉬워하는지 알겠네! 하하! 그래서 당신이 꼭 책을 내야 하는 거야. 지금 쓰고 있는 책에다 다 담아봐!" 하며 책 쓰기를 더욱 격려하였다. 방송 출연 사실을 우리 가족에게만 이야기하고 교회나 지인들에게도 언급하지를 않아 방송이 나가고서야 연락이 오는 경우도 있었다. 남편은 그래도 교회 목사님에게는 말하자고 했지만 정말 난 민망해서 말씀드리고 싶지 않았다. 시간이 지나자 나의 마음에는 이런 생각이 스치게 되었다.

'이렇게 가족 중심적인 내용으로 나가는 것도 어떤 뜻이 있지 않을까? 누군가가 이 이야기를 들어야만 하는 사람이 있지 않을까? 라고 생각하며 이 부분에 있어 아쉬운 마음을 내려놓기로 하였다.

그 방향이 무엇이든 모두 하나님의 인도하심인 것이다.

2
소량 인쇄가 가능한 디지털인쇄로 선교지에 갈 수 있다

2017년 7월 열린비전교회 K집사님의 지인을 통해 충무로에서 소량 인쇄 시스템 회사인 디지털인쇄를 하는 주손 디앤피 사장님을 소개받게 되었다.

디지털인쇄 최고의 장점은 대량으로 찍는 오프셋 인쇄가 아니라서 단가가 다소 비싸지만, 소량이라도 원하는 만큼 찍을 수 있는 인쇄라는 점이다. 주손 디앤피 사장님의 꿈은 세계에서 단종 되는 좋은 책들이 계속 나올 수 있도록 소량인쇄를 하는 것이 꿈이라고 하신다. 너무나 좋은 책인데 많이 팔리지 않아 사장될 수 있는 책들을 소량이라도 찍을 수 있어 출판사 입장에서는 부담 없이 필요한 만큼 주문하니 재고의 위험도 없어 상당히 매력적인 장점이 있다.

사실 태국어나 일본어, 베트남어로 된 성경동화를 몇 박스 만든다는 것은 상상도 못 할 일이었다. 전집이라 따로 개별로 만든다는 것은 가격이 어마어마하게 비싸기 때문이다. 그런데 소개받은 이곳은 세계에서 가장 싸게 만든다는 목표를 가지고 실제로 세계 여러 나라에서 많은 주문을 받고 있었다.

물론 우리 출판사 입장에서는 생산단가가 훨씬 비싸지만 중간 유통을 거치지 않고 선교 쪽 소비자에게 직판으로 판매한다고 생각하면 이것은 기적과 가까운 일인 것이다. 주손 디앤피 사장님이 견적서를 보낸 것을 자세히 보니 최소한 10박스 이상만 주문하면 생산할 수 있다는 것이다.

전집으로 생산하는 경우는 하드커버 표지 단가가 높으므로 표지가 얇은 소프트커버 표지로 하는 편이 훨씬 가격이 저렴하고 해외로 운송할 때도 무겁지 않아 소프트커버로 인쇄하는 것이 낫다고 판단하였다. 처음 이 일에 대해 듣고 충무로에 직접 가서 견학하였을 때는 가슴이 떨리고 몹시 흥분되어서 처음 한 달간은 설레는 마음으로 기도를 하게 되었다. 또 우리가 가지고 있는 외국어 부록도 필요한 분이 주문하면 만들 수 있다고 생각하니 신기하였다.

예를 들어 구약 성경동화의 음원 중 일본어를 문자로 보고 싶은 사람은 일본어 부록을 개별로 주문하면 며칠 안에 보내줄 수 있는 것이다. 하나님의 인도하심이 정말 신비로웠다. 막상 많은 언어의 번역과 녹음을 했지만, 이 외국어 성경동화가 언제 책으로 나올지는 알 수 없었기에 아주 까마득한 미래로 생각하기도 했다.

그런데 아주 성큼 그 시기가 빨라질 수도 있다는 생각에 전율이

들기도 했다.

직원에게 외국어 부록 광고를 홈피에 싣도록 즉시 말했고 비전코람데오 출판사 홈페이지 메인 화면에 태국어, 일본어 외국어부록 판매광고를 게재하였다.

광고는 했지만, 과연 개별 주문이 올지는 아직 확실하지는 않다. 그렇지만 꼭 필요한 곳이 있다고 생각하기에 경제적인 이익은 거의 없으나 주문하는 개수가 소량이라도 상관없이 판매하기로 하였다. 과연 선교를 담당하시는 곳에서 주문이나 상담 전화가 올지 아무도 알 수 없으나 여기까지 인도하신 하나님이기에 기다려보기로 했다.

3

제작예정인
성경동화 공과교재

2017년 7월경 총판 여사장님으로부터 C권사님을 소개받게 되었다. 이전에 유치원 교재를 만드신 경력이 있으신 C권사님은 최근에 기도하시는 중에 하나님께서 어떤 소명을 주실 것이라는 음성을 들으셨다며 간증을 하시는 것이다. 서로 대화를 하면서 함께 읽는 성경동화에 이어 공과교재가 나와 준다면 아이들에게 효율적인 성경교육이 이루어 질 수 있다는 생각에 서로의 생각이 모아졌다.

C권사님께서는 쾌히 공과교재를 만들어 보겠다는 결심을 하셔서 처음 만난 그날 이렇게 중대한 일이 펼쳐지게 되었다. 내가 하려고 한다고 되는 것도 아니고 이렇게 관계된 분들을 만난다는 것은 하나님의 인도하심이 없이는 정말 불가능하다. 여태껏 모든 만남에는 하나님의 역사하심이 있었고 적절한 때에 어김없이 하나님은 사람을 보내

주셨다.

C권사님은 처음 공과교재 커리큘럼을 만들 때 중요한 두 가지를 염두에 두고 방향을 정해야 했다. 유치원과 교회 주일학교 교재로 사용할 수 있어야 하기에 1년 안에 구약, 신약 프로그램을 다 돌릴 수 있는 분량으로 편집을 해야 한다는 것과 공과 내용도 어떤 부분을 길게 할지 짧게 할지를 많은 분석을 하여 결정해야 한다는 것이다. C권사님과 협력하실 분들이 연이어서 미팅이 이루어졌고 시간이 언제까지 걸릴지는 미정이나 2018년에는 공과교재가 나올 수 있다는 약속을 하셨다.

남편은 항상 성경동화를 보완할 교재를 추가로 만들어야 한다고 늘 말했지만 성경동화 자체만의 제작비로도 힘들게 버티어온 나에게는 마음에만 있을 뿐 실행에 옮기기는 사실 쉬운 문제가 아니었다. 따라서 교재를 만드실 분을 내가 찾아서 한다고 하면 아마도 그 시점은 한 참 뒤로 밀렸을 것이고 재정이 완전히 회복되는 시기라고 생각하기에 언제가 될지 모르는 생각이 든다. 이것을 아시기에 하나님께서는 나도 모르게 이렇게 사람을 연결하지 않았을까 유추도 해보았다. 공과교재가 완성되면 성경동화를 교육적인 측면에서 활용할 수 있는 여러 통로가 나오리라 생각하며 이것을 움직이시는 분은 우리가 측량할 수 없는 그분이신 것이다.

4

추가로 번역될 예정인
미얀마어, 러시아어, 스페인어

원래 외국어 번역은 영어, 중국어, 일어, 태국어, 베트남어, 아랍어까지만 기획했기에 추가로 다른 언어 번역을 생각할 수 없었다. 한 언어 당 들어가는 비용이 번역에서 검수 그리고 녹음까지 만만치 않기에 여태껏 비전코람데오 많은 재정압박이 되었다.

그런데 미얀마 선교 활동을 하는 열린비전교회 K집사님께서 미얀마어 번역에 관심을 가지시고 직접 미얀마어 번역을 할 수 있는 선교사님을 소개하고 일을 진행하게 하셨다. 사실 미얀마어 번역은 전혀 예정도 없고 예측도 하지 못했지만 하나님이 주시는 물결의 흐름에 순종하기로 하고 집사님과 같이 동참하기로 하였다. 사람이 자연스럽게 연결되는 것은 여태껏 거의 나의 힘이나 의지가 아니라 하나님의 손길이 대부분이었기에 순종이 가능한 것이었다.

K집사님은 이어서 러시아어와 스페인어까지 번역하실 수 있는 분을 찾아보겠다고 하시며 주변의 선교 네트워크를 총가동시켜 연결을 하셨다.

스페인어는 언젠가는 해야 할 언어라고 생각했지만 이렇게 시기가 빨리 연결될지는 몰라 마치 내가 탄 배에 내가 노를 저어 가는 것이 아니라 누군가 뒤에서 배를 밀고 계시다는 생각이 들었다. 여태껏 재정압박이 상상을 넘었지만 희한하게도 언어 번역만큼은 항상 사람을 연결하고 어떤 상황에서도 번역과 녹음을 하도록 하셨으니 이것도 나의 열정과 욕심만은 결코 아니었다. 재정이 받쳐주지 않을 때마다 나의 마음에는 항상 이런 생각이 스쳐 갔다.

'아! 하나님, 지금 이렇게 번역해도 과연 누가 얼마만큼 이 음원을 들을까요? 이렇게 국내 판매도 힘들어서 허덕이고 있는데요! 지금 꼭 해야 하는지요!' 그러나 하나님의 방향은 항상 변함이 없으셨다. 특히 나의 상황이 이렇게 힘들다 보니 이해가 정말 안 가기도 했으나 꼭 구름에 흘러가듯 진행은 되고 있는 것이다.

물론 이 언어들이 다 번역이 되어 녹음된다면 얼마나 많은 아이들이 자기 나라말로 성경동화를 들을 수 있을까? 라고 생각하면 마음이 벅차고 행복하다. 하지만 현실은 차가운 겨울이니 인내해야 할 겨울의 시간들을 계산하고 있는 자신을 발견하게 되면 마음이 쏙 움츠리게 되는 것을 부인할 수 없다.

순종과 복종! 지금 나는 어떻게 해야 하는가?

5

지금 가장 절실한
하나님의 명령은 무엇일까?

성경동화를 왜 만들게 되었는가? 또 진행 과정에서 어떤 일과 사건들을 통과하며 신약 성경동화까지 만들어졌는지에 대한 긴 여정을 담담하게 회고해 보았다. 글 속에 숨겨진 하나님의 인도하시는 방향성이 무엇인지도 솔직하게 적어 보았다.

앞의 머리말에서처럼 이런 동화책을 만들었으니 참 대단하다! 라는 관점이 아니라 이러한 책이 만들어지는 여정을 통해 하나님께서 우리 각자에게 보내 주시는 메시지가 무엇인지를 찾는 것이 내가 이 글을 쓰는 가장 중요한 이유가 될 것 같다. 각자에게 주는 그 의미를 찾을 때 다음 세대를 위해 우리가 할 일이 무엇인지, 현재 우선순위로 꼽아야 할 것이 무엇인지도 가늠할 수 있지 않을까?

너무나 소중한 다음 세대를 위한 구체적인 노력은 앞으로도 해야만 하는 선택 사항이 아니라 다음 세대의 생명이 달린 문제이기 때문에 꼭 해야만 하는 필수 사항인 것이다. 이 귀중한 소명을 교회 주일학교에만 맡길 수는 없으며 각 가정에서도 그 몫을 나누어 함께 짐을 져야 한다고 생각한다. 이것은 특별한 형태가 아닌 늘 일상적으로 실천할 가능성이 있는 방법으로 꾸준히 노력해야만 하는 것이다. 식물을 키우듯이 늘 알맞을 때 물을 주어야 하고 때로는 가지치기를 해야 하며 상황에 따라 분갈이까지 하면서 자녀의 영적 성장에 전심어린 필사적 노력을 실천해야 한다고 본다.

우리 자녀가 성장하여 세상의 가치에 휘둘러 따라가는 것이 아니라 세상의 가치를 이끌어 가는 하나님의 자녀로 키우기 위해서는 하나님의 말씀에 기초한 신앙교육을 우선으로 해야 하며 이를 소홀히 해서는 더 이상 우리의 미래가 없다는 절박함을 가져야 할 것 같다.

현재 각 기독교 단체에서 조사한 자료를 들어보면 공통으로 나오는 통계결과는 교회 주일학교의 수가 해가 다르게 큰 폭으로 줄어든다는 것이다. 교회에 다니는 성인성도 수의 감소보다 더 빠르게 줄어들며 지금 현재로서도 별다른 방안을 내놓지 못하는 것이 안타까운 현실이다. 대안이 별로 없다는 것은 곧 큰 개혁적인 방안과 실천이 뒷받침되지 않고서는 해결점을 찾기 어렵다는 것을 의미하지 않을까?

이 시점에서 우리는 자녀에게 주시는 하나님의 복이 무엇인지에 대한 진지한 묵상이 필요하다고 본다. 성경말씀에 나오는 '생육하고 번성하라'는 말씀은 단순히 그 표면적인 의미 그대로 잘 먹고 잘사는 것 그 자체일까? 무난히 학교를 잘 나오고 경제활동에 무리가 없이 풍요로운 생활을 하는 정말 큰 고난이 없는 형통함이 하나님이 주신 진정한 복일까?

자녀가 하나님에 대한 전적인 신뢰와 믿음을 바탕으로 자신의 삶에 예수님과 동행하며 살 수 있다면 그보다 더 큰 복이 어디 있으며 그보다 무엇이 더 부럽겠는가? 이 신앙의 토대가 잡힌다면 나머지 다른 문제들은 저절로 하나님의 주권으로 해결이 되는 사항들이라고 많은 신앙의 선배들은 공통적인 조언을 하고 있다.

가능한 어릴 때부터 하나님의 말씀을 아이들에게 자연스러운 방법으로 들려주고 읽게 해야 한다는 것은 강조하고 또 강조해도 부족함이 없다. 말씀을 접한 아이와 그렇지 못한 아이의 차이는 성장한 후에 너무나 차이가 난다는 것을 주변에서 많이 보아왔고 멀리 갈 것도 없이 당장 나의 아이들에게서도 이러한 것들을 피부에 확연히 느껴진다.

믿음의 기성세대들은 경제적 이익 논리를 넘어서 다음 세대에게 하나님이 주신 복의 통로가 되어야 한다고 생각한다. 각자 전문적인 영역에서 아이들의 수준별 눈높이 맞는 교육이 무엇인지 고민도 하며 이를 뒷받침할 구체적이고 효과적인 교재와 책, 기타 다양한 도구들을 개발하는데 주저 없이 기독교의 경제를 지출해야 할 것이다. 또 각 교회와 가정은 다음 세대를 위한 기본적인 교육적 지출에 너무나 인색하지 말아야 할 것이다. 선교는 해외에만 하는 것이 아니라 가장 가까운 곳을 먼저 해야 하는 것이라고 생각한다.

우리가 할 수 있는
작은 벽돌 쌓기!

하나님이 바라는 인재를 양육하기 위해서 우리는 어떠한 노력을 해야만 하는 것일까? 과연 하나님은 거창하고 특별한 방법을 우리에게 원하실까? 이것은 세상의 가치관이 아닌 신앙적인 관점이기에 더욱 명료하게 구체적인 답을 내릴 수 없는 문제일 것이다.

바라보는 포인트에 따라 각기 실천 방법이 다를 것이며 각 나라와 사회, 그리고 가정에 따라 시대별, 개인별 교육관이 다르기 때문이다. 하지만 꼭 유명한 교육시스템이나 혹 현실적으로 많은 경비와 비용이 들어가는 실천하기 어려운 방법이 아니더라도 우리의 자녀들을 믿음의 다음 세대로 키울 수 있다. 하루하루의 삶에서 소소하고 평범하게 실천할 수 있는 방법들을 생각해 보면 해결점이 그렇게 멀리 있지 않다는 것을 찾게 된다.

우리 어른들이 매일 매일 성경말씀을 묵상하며 말씀의 양식을 조금씩 떼어서 먹듯이 자녀들에게도 매일의 말씀 양식을 그들의 눈높이에서 떼어 줄 수 있기 때문이다. 우리 주변의 신실한 가정의 부모님들을 한 번 지켜보라! 그분들이 자녀들에게 신앙적인 말씀 교육을 실천하는 모습에서 공통적인 특징들이 있다. 자녀에게 항상 성경 말씀을 쉽게 들려주는 습관이 몸에 배어있다는 것을 발견하게 된다. 자녀들이 하나님과 자신의 생활에 항상 감사하는 마음을 갖도록 지도하고 각 가정에서 가정예배를 늘 소홀히 하지 않고 드리는 모습을 볼 수 있다.

그분들의 매일의 삶이 아이들에게 그대로 전달되는 것을 피부에 느끼게 된다. 특히 신실한 부모님들은 성경의 말씀을 아이들 눈높이에 맞게 전달하기 위해 여러 통로의 방법을 탐색하며 노력한다. 이러한 조그만 생활의 벽돌쌓기 노력들이 한층 한 층씩 쌓여 믿음의 세대를 키워내는 토대가 될 것이다. 예수님께서 제자들에게 매일 반복하다시피 말씀을 들려주시며 하나님의 나라를 전파하셨다. 이런 모습이야말로 가장 기본이 되는 신앙교육의 뿌리이기에 우리는 정말 무엇이 근본적인 기초인지를 깊이 생각을 모아야 할 것 같다.

가장 단순하며, 매일의 일상생활에서도 작은 실천으로 가능한 것들을 생각한다면 여러 사항이 있지만 꾸준히 실천할 수 있는 일상적 습관에서 특히 독서 교육은 강조하고 또 강조해도 부족함이 없을 것 같다. 세상의 교육현장에서도 독서의 중요성은 나날이 강조되고 다양한 지도방법을 소개하고 있다. 이처럼 세상에서조차도 이러한 가치관이 넘치는 책과 미디어 교육에 이렇게 많은 투자를 아끼지 않는데 우리는 아이들 신앙교육에서 세상만큼의 열정에 뒤지지 않는 지속적 노력을 하고 있는지 뒤돌아볼 필요가 있다.

끊임없이 들려주고 지속적으로 읽혀 주며 그리고 스스로 말하게 할 수 있는 것! 이것이 우리가 일상에서 할 수 있는 벽돌쌓기요 다음 세대를 키워가는 근간이다. 엄청난 큰 벽돌이 아닌 손으로 들 수 있는 이 작을 벽돌들을 쌓아 갈 때 믿음의 집은 세워져 갈 것이다. 사랑이란 다정히 쓰다듬고 잘 먹이고 입히는 기본적인 사항뿐만 아니다. 이 아이들에게 정말 필요한 것이 무엇인지 깊이 고뇌하고, 몸부림을 치면서 현 상황을 돌이켜 보는 것도 기성세대가 해야 할 책임감이다.

나의 개인적인 소망은 〈함께 읽는 성경동화〉가 교회나 각 가정, 그리고 다문화 가정, 해외 선교지역에 널리 보급이 되어 많은 아이들에게 읽히는 것이다. 또 그 책을 읽은 아이들이 성경동화가 주는 복음적인 내용대로 성장하여 어른이 되어서도 흔들리지 않는 굳센 믿음을 가질 수 있는 하나님의 자녀로 성장하는 것이다. 〈함께 읽는 성경동화〉가 이러한 토대를 바탕으로 그다음 세대에게 지속적인 믿음이 이어지는데 작으나마 신앙의 나침반 역할이 되기를 소망할 뿐이다. 우리가 그토록 찾는 큰 바위 얼굴은 바로 우리 옆 가까이에 있는 것이다.